Byung-Chul Han

Lob der Erde

BYUNG-CHUL HAN

LOB DER ERDE

Eine Reise in den Garten

Mit Illustrationen von
Isabella Gresser

Ullstein

INHALT

Frage doch das Vieh, das wird dich's lehren, und die Vögel unter dem Himmel, die werden dir's sagen.

Oder rede mit der Erde, die wird dich's lehren, und die Fische im Meer werden dir's erzählen.

Wer erkennte nicht an dem allen, daß des HERRN Hand solches gemacht hat?

Hiob 12, 7–9

VORWORT

Eines Tages spürte ich eine tiefe Sehnsucht, ja ein akutes Bedürfnis, der Erde nahe zu sein. So habe ich den Entschluss gefasst, tagtäglich zu gärtnern. Drei Frühlinge, Sommer, Herbste und Winter, also drei Jahre lang, arbeitete ich im Garten, den ich *Bi-Won* (koreanisch: *Geheimer Garten*) genannt habe. Auf dem herzförmigen Schild, das mein Vorgänger an einem Rosenbogen angebracht hatte, steht noch *Traumgarten.* Ich habe es so belassen. Mein *Geheimer Garten* ist ja tatsächlich auch ein Traumgarten, denn ich träume dort von der *kommenden Erde.*

Die Gartenarbeit war für mich eine stille Meditation, ein Verweilen in der *Stille.* Sie ließ die Zeit *weilen und duften.* Je länger ich im Garten arbeitete, desto mehr Respekt bekam ich vor der Erde, vor ihrer betörenden Schönheit. Inzwischen bin ich tief davon überzeugt, dass die Erde eine göttliche Schöpfung ist. Der Garten verhalf mir zu dieser Überzeugung, ja zu der Einsicht, die für mich nun eine Gewissheit geworden ist, einen *Evidenzcharakter* angenommen hat. Evidenz bedeutet ursprünglich *Sehen.* Ich habe *es gesehen.*

Das Verweilen im blühenden Garten hat mich wieder fromm gemacht. Ich glaube, dass es den *Gar-*

ten Eden gab und *geben wird.* Ich glaube an Gott, an den Schöpfer, an diesen *Spieler*, der immer neu anfängt und dadurch alles erneuert. Auch der Mensch, als seine Schöpfung, ist dazu verpflichtet *mitzuspielen.* Die Arbeit oder die *Leistung* zerstört das Spiel. Sie ist ein blindes, blankes, sprachloses Tun.

Manche Zeilen des vorliegenden Buches sind Gebete, Bekenntnisse, ja Liebesbekenntnisse an die Erde und die Natur. Es gibt keine biologische Evolution. Alles verdankt sich einer *göttlichen Revolution.* Ich habe *es erfahren.* Die Biologie ist letzten Endes eine *Theologie*, eine *Lehre Gottes.*

Die Erde ist kein totes, lebloses, stummes Wesen, sondern ein beredtes Lebewesen, ein lebendiger Organismus. Selbst der Stein lebt. Cézanne, der besessen war von der Montagne Sainte-Victoire, wusste vom Geheimnis und von einer besonderen *Lebendigkeit und Kraft der Felsen.* Bereits Laotse lehrt:

Die Welt ist wie eine geheimnisvolle Schale. Man kann sie nicht fassen. Wer sie begreifen will, wird sie verlieren.

Die Erde als eine geheimnisvolle Schale ist zerbrechlich. Wir sind heute dabei, sie brutal auszubeuten, sie auf Verschleiß zu fahren und dadurch vollständig zu zerstören.

Von der Erde geht der Imperativ aus, sie zu *schonen*, das heißt sie *schön zu behandeln.* Das *Schonen* ist etymologisch mit dem *Schönen* verwandt. Das Schöne verpflichtet, ja gebietet uns, es zu *schonen.* Es gilt, mit dem *Schönen schonend* umzugehen. Es ist eine dringende Aufgabe, eine Verpflichtung der Menschheit, die Erde zu *schonen*, denn sie ist schön, ja *herrlich.*

Schonen verlangt nach Loben. Die folgenden Zeilen sind Hymnen, Lobgesänge an die Erde. Wie ein schönes *Lied der Erde* sollte dieses *Lob der Erde* erklingen. Für manche aber sollte es sich lesen wie eine *Hiobsbotschaft*, angesichts heftiger Naturkatastrophen, die uns heute heimsuchen. Sie sind die zornige Antwort der Erde auf die menschliche Rücksichtslosigkeit und Gewalt. Wir haben jede Ehrfurcht vor der Erde verloren. Wir *sehen und hören* sie nicht mehr.

Oleaceae

Jasminum nudiflorum

WINTERREISE

Meine besondere Liebe gilt Schuberts *Winterreise.* Vor allem das Lied *Frühlingstraum* habe ich häufig gesungen.

Ich träumte von bunten Blumen,
So wie sie wohl blühen im Mai;
Ich träumte von grünen Wiesen,
Von lustigem Vogelgeschrei.

Und als die Hähne krähten,
Da ward mein Auge wach;
Da war es kalt und finster,
Es schrien die Raben vom Dach.

Doch an den Fensterscheiben,
Wer malte die Blätter da?
Ihr lacht wohl über den Träumer,
Der Blumen im Winter sah?

Warum beginne ich ein Buch über den Garten mit dem Winter und der *Winterreise*? Wo doch der Winter das absolute Ende der Gartenzeit bedeutet. Ich habe nicht die Absicht, hier von meinen Frühlingsträumen zu erzählen oder, etwa in der Nachfolge von Wilson Bentley, der fünftausend Schneekristalle fotografiert hat, mich nun den Eisblumen zu widmen.

Der Berliner Winter ist schrecklich, ja vernichtend. Das Höllenfeuer wäre erträglicher als diese ewige nasse, dunkle Kälte. Das Licht scheint ganz erloschen zu sein.

> *Es ist nichts als der Winter,*
> *Der Winter kalt und wild!*

Angesichts des ewigen Graus des Berliner Winters erwacht ein *metaphysischer Wunsch* nach einem hellen, blühenden Garten mitten im Winter.

Bertolt Brechts idealer Garten sieht leider für die kalten Wintermonate nichts vor. Er blüht nur von März bis Oktober:

> *Am See, tief zwischen Tann und Silberpappel*
> *Beschirmt von Mauer und Gesträuch ein*
> *Garten,*
> *So weise angelegt mit monatlichen Blumen,*
> *Daß er von März bis zum Oktober blüht.*

Jene Weisheit des Gärtners fehlt mir offenbar, denn ich habe den Entschluss gefasst, einen Garten anzulegen, der *durchgehend* blüht, und zwar von Januar bis Dezember. Ich ziehe die Metaphysik, das metaphysische Begehren der Weisheit des Gärtners, seinem »Loslassen« vor.

WINTERGARTEN

Auch *Die helle Kammer* von Roland Barthes ist von jenem metaphysischen Begehren beseelt. Es ist ein Buch der Trauer, eine Trauerarbeit. Es beschwört die tote Mutter, mit der er zeitlebens zusammengelebt hat. Dem Buch liegt eine Fotografie zugrunde, die Barthes inständig umkreist, ja umarmt, umschwärmt, die aber darin nicht abgebildet ist. *Sie glänzt durch Abwesenheit.* Sie zeigt seine Mutter als fünfjähriges Mädchen im *Wintergarten.*

Ganz hinten im Wintergarten steht meine Mutter, ihr Gesicht verschwommen, verblaßt. Im ersten Moment war ich überwältigt: »Das ist sie! Das ist sie ja! Das ist sie endlich!«

Barthes unterscheidet zwei Elemente der Fotografie: *studium* und *punctum.* Das *studium* gilt den Informationen, die man aus ihr herauslesen kann. So kann man sie studieren. Das *punctum* hingegen liefert keine Information. Wörtlich bedeutet es das *Gestochene* und geht auf das lateinische Wort *pungere* (stechen) zurück. Es trifft und erschüttert den Betrachter.

Das *punctum* von *Die helle Kammer* ist für mich der nicht abgebildete Wintergarten mit der Mutter als seiner einzigen Geliebten. Ich sehe den Wintergarten nun doppelt. Er ist ein symbolischer Ort für Tod und Wiederauferstehung, ein Ort der metaphysischen Trauerarbeit. *Die helle Kammer* ist in meinen Augen ein blühender Garten, ein *helles Licht* im winterlichen Dunkel, ein Leben inmitten des Todes, eine Feier des wiedererwachenden Lebens inmitten des tödlichen Lebens heute. Ein metaphysisches Licht verwandelt die *chambre noir* in eine *chambre claire*, in einen *hellen Wintergarten.*

Roland Barthes liebte romantische Lieder. Er nahm Gesangsunterricht. Ich hätte ihn gerne singen gehört. Oft habe ich das Gefühl, dass Barthes singend schreibt oder schreibend singt. *Die helle Kammer* ist selbst eine Art romantischer Liederzyklus mit einundvierzig Liedern / Kapiteln. Das neunundzwanzigste Lied heißt *Das kleine Mädchen.*

Die helle Kammer klingt für mich wie eine *Winterreise.* Roland Barthes reist auf der Suche nach seiner Mutter, nach seiner Geliebten, durch das »Reich der TOTEN«. Auf der Suche nach der *Wahrheit* der Mutter begibt er sich auf eine endlose Wanderschaft.

Noch etwas konnte ich aus meiner Betrachtung nicht ausklammern, daß ich dieses Photo entdeckt hatte, indem ich mich in der ZEIT zurückbewegte. Die Griechen betraten das Reich der TOTEN *rückwärts: was sie vor sich hatten, war ihre Vergangenheit. In solcher Weise durchmaß ich ein Leben, nicht das meine, sondern das eines Menschen, den ich liebte.*

Die Fotografie des Wintergartens sei »wie die letzte Musik, die Schumann schrieb, bevor er in Umnachtung sank, dieser erste Gesang der Frühe, der mit dem Wesen meiner Mutter und zugleich mit dem Kummer, den mir ihr Tod bereitet, in Einklang stand«. *Die Gesänge der Frühe*, ein Zyklus von fünf kleineren Klavierstücken, sind das letzte Klavierwerk von Schumann. Drei Tage vor seinem Selbstmordversuch bezeichnete er sie als »Sammlung von Musikstücken, die die Empfindungen beim Herannahen und Wachsen des Morgens schildern«. Clara Schumann reagierte zunächst ratlos auf diese Komposition: »Ganz originelle Stücke wieder, aber schwer aufzufassen, es ist so eine ganz eigene Stimmung darin.«

Die Gesänge der Frühe sind von der Sehnsucht nach dem neuerwachenden, wiederauferstehenden Leben beherrscht. Sie sind Gesänge der Trauer. Eine tiefe Melancholie ist zu vernehmen. Es geht um Tod und Wiederauferstehung. Bereits Schumanns *Spanisches Liederspiel* besingt das sehnsüchtige Warten auf den Morgen, auf das neuerwachende Leben:

Wann, wann erscheint der Morgen,
Wann denn, wann denn!
Der mein Leben löst aus diesen Banden?
Ihr Augen, vom Leide so trübe,
Saht nur Qual für Liebe,
Saht nicht eine Freude,
Saht nur Wunde auf Wunde,
Schmerz auf Schmerz mir geben,

Und im langen Leben
Keine frohe Stunde.
Wenn es endlich doch geschähe,
Daß ich säh' die Stunde,
Wo ich nimmer sähe!
Wann erscheint der Morgen,
Der mein Leben löst aus diesen Banden.

Eine geheimnisvolle Aura umgibt den ersten *Gesang der Frühe.* Die abgründige Melancholie rettet sich dann in ein Delirium. Sie wird unterbrochen von verhalten jubilatorischen Momenten und von Augenblicken der Verklärung und Verzückung, in denen die ersten, zögernden Lichtscheine das Dunkel durchbrechen.

Jene Frühe des Morgens ist eine Vor-Zeit, die der gewöhnlichen Zeit vorgelagert ist und in der die vergängliche Zeit, die Zeit von Leben und Tod, aufgehoben ist. Diese *Gesänge der Frühe* beleben, be-*stimmen* meine Phantasie für den blühenden winterlichen Garten. Sie bilden die Grundstimmung dieses vorliegenden Buches.

Flos glacialis

DIE ZEIT DES ANDEREN

Die Jahreszeiten erlebe ich im Garten viel intensiver. Entsprechend groß ist auch das Leiden angesichts des nahenden Winters. Das Licht wird schwächer, dünner und fahler. Ich war nie so aufmerksam für das Licht gewesen. Das sterbende Licht schmerzt mich. Im Garten werden die Jahreszeiten vor allem körperlich wahrgenommen. Die eisige Kälte des Wassers aus der Regentonne bohrt sich tief in den Körper. Der Schmerz, den ich dabei spüre, ist jedoch wohltuend, ja belebend. Er gibt mir die Realität, ja die Körperlichkeit zurück, die heute in der *wohltemperierten digitalen* Welt immer mehr verlorengeht. Sie kennt keine Temperatur, keinen Schmerz, keinen Körper. Der Garten aber ist reich an Sinnlichkeit und Materialität. Er ist viel *welthaltiger* als der Bildschirm.

Seitdem ich im Garten arbeite, spüre ich die Zeit anders. Sie vergeht wesentlich langsamer. Sie dehnt sich aus. Die Zeit bis zum nächsten Frühling kommt mir wie eine halbe Ewigkeit vor. Das nächste Herbstlaub rückt in eine unvorstellbare Ferne. Auch der Sommer ist mir unendlich weit. Der Winter schon dauert ewig. Die Arbeit im winterlichen Garten verlängert ihn. Noch nie kam mir der Winter so lang vor wie in meinem ersten

Gärtner-Jahr. Unter Kälte und Dauerfrost habe ich sehr gelitten, aber nicht meinetwegen, sondern vor allem wegen der Winterblüher, die ihre Blüten, selbst mitten im Schnee und Dauerfrost, behielten. Meine Sorge, die eine Fürsorge war, galt vor allem den Blumen. Der Garten entfernt mich einen Schritt mehr von meinem Ego. Ich habe keine Kinder. Mit dem Garten aber lerne ich langsam, was die Fürsorge, die Sorge um andere bedeutet. Der Garten ist ein Ort der Liebe gewesen.

Die Zeit des Gartens ist die *Zeit des Anderen.* Der Garten hat seine Eigenzeit, über die ich nicht verfügen kann. Jede Pflanze hat ihre Eigenzeit. Im Garten kreuzen sich viele Eigenzeiten. Herbstkrokusse und Frühlingskrokusse sehen sich ähnlich, aber sie haben ein ganz anderes *Zeitgefühl.* Es ist erstaunlich, dass jede Pflanze ein ausgeprägtes *Zeitbewusstsein* hat, vielleicht sogar mehr als der Mensch, der heute irgendwie *zeitlos, zeitarm* geworden ist. Der Garten macht eine intensive Zeiterfahrung möglich. Während meiner Arbeit im Garten bin ich *zeitreich* geworden. Der Garten, für den man arbeitet, gibt viel zurück. Er gibt mir *Sein und Zeit.* Das ungewisse Warten, die erforderliche Geduld, das langsame Wachstum bringen ein besonderes Zeitgefühl hervor. In der *Kritik der reinen Vernunft* beschreibt Kant die Erkenntnis als eine Erwerbstätigkeit. Sie arbeite, so Kant, an dem »wirklich neuen Erwerb«. In der ersten Auflage der *Kritik der reinen Vernunft* spricht Kant statt vom »Erwerb« vom »Anbau«. Was könnte Kant dazu veranlasst haben, in der zweiten Auflage »Anbau« durch »Erwerb« zu ersetzen?

»Anbau« mochte Kant vielleicht zu sehr an die bedrohliche Kraft des Elements, an die *Erde*, an die dieser immanente Ungewissheit, Unberechenbarkeit, an den Widerstand, an die Macht der Natur erinnert haben, die das Gefühl der Autonomie und Freiheit des kantischen Subjekts empfindlich gestört hätte. Der städtische Erwerbstätige wird seine Arbeit unabhängig vom Wechsel der Jahreszeiten verrichten können, was dem Bauern, der ihrem Rhythmus unterworfen ist, unmöglich ist. Das Warten oder die Geduld, die Kant zur »weiblichen Tugend« erniedrigt, die man aber dem langsamen Wachsen des der Erde Anvertrauten entgegenzubringen hat, ist dem kantischen Subjekt womöglich fremd. Die Ungewissheit, der der Bauer ausgesetzt ist, mag ihm unerträglich erscheinen.

In *Liebe und Erkenntnis* weist Max Scheler darauf hin, dass Augustinus »auf sonderbare, mysteriöse Weise« den Pflanzen ein Verlangen zuspricht, »vom Menschen angeschaut zu werden, als geschähe ihnen durch die liebegeleitete Erkenntnis ihres Seins ein Analogon der Erlösung«. Erkenntnis ist nicht Erwerb, nicht *mein* Erwerb, nicht *meine* Erlösung, sondern Erlösung des *anderen.* Erkenntnis ist Liebe. Der liebende Blick, die liebesgeleitete Erkenntnis erlöst die Blume aus ihrem Seinsmangel. Der Garten ist also ein *Ort der Erlösung.*

Adoxaceae

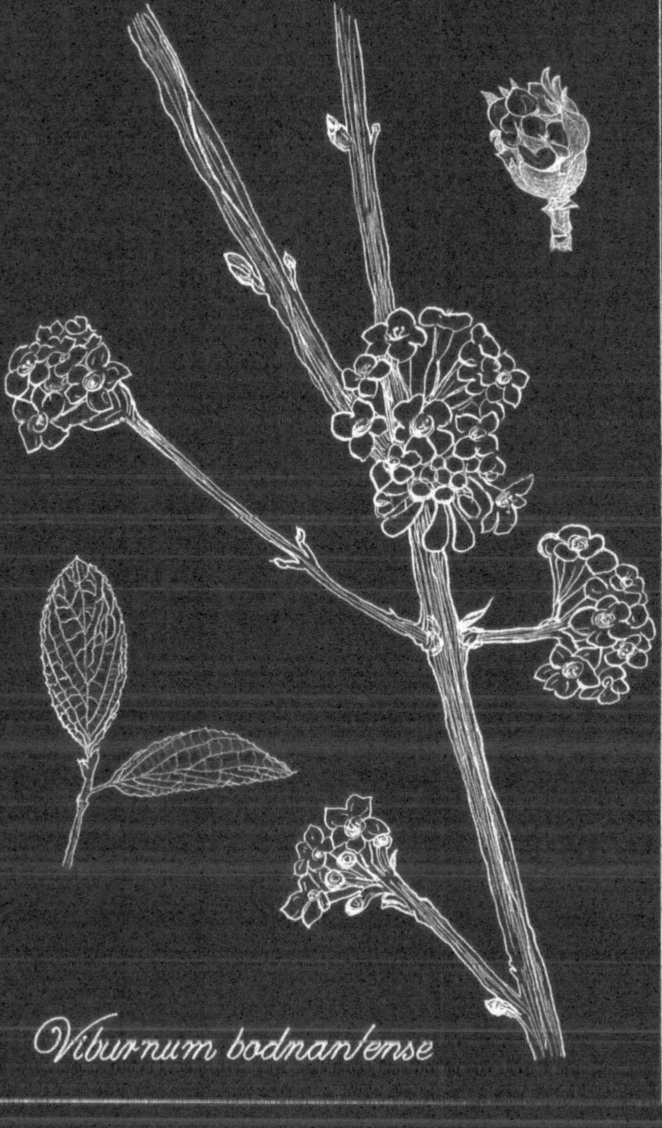

Viburnum bodnantense

ZURÜCK ZUR ERDE

Wir nannten die Erde eine der Blumen des Himmels, und den Himmel nannten wir den unendlichen Garten des Lebens.

Friedrich Hölderlin, *Hyperion*

Adorno liefert eine philosophische Erklärung für die Leidenschaft, die ich für Schubert hege. »Vor Schuberts Musik«, so Adorno, »stürzt die Träne aus dem Auge, ohne erst die Seele zu befragen.« Wir weinen also, ohne zu wissen: *warum*. Schuberts Musik rüstet das Ich als »Aktionssubjekt« ab. Sie erschüttert das Ich und löst ein quasi vorreflexives, reflexartiges Weinen aus.

In Tränen aufgelöst, gibt das Ich seine Superiorität preis und wird der eigenen Naturhaftigkeit gewahr. Weinend kehrt es zur Erde zurück. Die Erde ist für Adorno der Gegenpol des sich absolut setzenden Subjekts. Sie befreit es aus seiner Gefangenschaft in sich selbst.

Eingedenken von Natur löst den Trotz seiner Selbstsetzung: »Die Träne quillt, die Erde hat mich wieder!« Darin tritt das Ich, geistig, aus der Gefangenschaft in sich selbst heraus.

Die Digitalisierung der Welt, die einer totalen Vermenschlichung und Subjektivierung gleichkommt, bringt die Erde ganz zum Verschwinden. Wir überziehen sie mit unserer eigenen Netzhaut. Dadurch werden wir blind gegenüber dem *anderen.*

Je dichter die Menschen was anders ist als der subjektive Geist mit dem kategorialen Netz übersponnen haben, desto gründlicher haben sie das Staunen über jenes andere sich abgewöhnt, mit steigender Vertrautheit ums Fremde sich betrogen.

Digital heißt auf Französisch *numérique.* Das Numerische entmystifiziert, entpoetisiert, entromantisiert die Welt. Es beraubt sie jedes Geheimnisses, jeder Fremdheit und verwandelt alles ins Bekannte, ins Banale, ins Vertraute, ins Gefällt-mir, ins Gleiche. Alles wird ver*gleichbar.* Angesichts der Digitalisierung der Welt täte es not, sie zu *reromantisieren*, die Erde, ihre *Poetik* wiederzuentdecken, ihr die Würde des Geheimnisvollen, des Schönen, des Erhabenen zurückzugeben.

Zum ersten Mal in meinem Leben habe ich im Boden gegraben. Mit dem Spaten ging ich tief in die Erde. Die graue, sandige Erde, die dabei zum Vorschein kam, war mir fremd, ja fast unheimlich. Ich staunte über ihre geheimnisvolle Schwere. Beim Buddeln bin ich auf viele Wurzeln gestoßen, die ich aber keiner Pflanze, keinem

Baum in der Nähe zuordnen konnte. Unten gab es also ein geheimnisvolles LEBEN, das mir bisher unbekannt war.

Der Berliner Boden ist sehr speziell. Er ist durch Sandablagerungen während der Eiszeit entstanden. Man nennt diese Böden auch Geestrücken oder Sandrücken. Der Begriff geht auf das niederdeutsche Wort *gest* zurück, das trocken oder unfruchtbar bedeutet.

Berlin liegt in einem Urstromtal, das vor rund achtzehntausend Jahren am Ende der letzten Eiszeit, der sogenannten Weichseleiszeit entstand. Das Tal war ein Entwässerungsgraben, über den die Schmelzwasser des Inlandeises zur Zeit der Frankfurter Eisrandlage abliefen. Es hat sich zusammen mit dem weiter südlich gelegenen Baruther Urstromtal im Brandenburger Stadium der Weichseleiszeit herausgebildet und diente als Entwässerungsbahn in Richtung Nordseebecken.

Wenn man sich näher mit der Geschichte der Erde beschäftigt, empfindet man eine tiefe Ehrfurcht vor der Erde, die heute leider einer totalen Ausbeutung ausgeliefert ist. Sie wird regelrecht verschandelt. Wir sollten wieder staunen lernen über die Erde, über ihre Schönheit und Fremdheit, über ihre Einmaligkeit. Im Garten erlebe ich: Die Erde ist Magie, Rätsel und Geheimnis. Wenn man sie als eine Ressource behandelt, die es auszubeuten gilt, hat man sie bereits zerstört.

Der *St.-Matthäus-Kirchhof* in Schöneberg befindet sich auf einer Anhöhe. Die zum Friedhof führende Großgörschenstraße steigt dort leicht an. Das ist die Stelle, wo das schmelzende Eiswasser einen Hang gebildet hat. Der Friedhof liegt auf diesem Hang. Auf ihm sind die Brüder Grimm und Immanuel Hegel, ein Sohn von Hegel, begraben. Auf der Kuppe des Hanges erreicht Schöneberg seine höchste Meereshöhe. In der Vorzeit strömte über die leicht abschüssige Langenscheidtstraße in der Nachbarschaft das Eiswasser.

Ich fasse die Erde oft staunend an und streichle sie. Jeder Trieb, der aus der Erde hervorkommt, ist für mich ein wahres Wunder. Es ist unglaublich, dass es mitten im kalten, dunklen Universum einen Ort des Lebens wie die Erde gibt. Wir sollten uns immer bewusstmachen, dass wir auf einem kleinen, aber blühenden Planeten im sonst leblosen Universum existieren, dass wir ein planetarisches Wesen sind. Notwendig ist ein *planetarisches Bewusstsein.* Es ist bedauernswert, dass die Erde heute so brutal ausgebeutet wird. Sie verblutet fast. Um die sogenannten Seltenen Erden etwa werden blutige Kämpfe mit den mit Drogen zugedröhnten Kindersoldaten ausgefochten. Wir haben heute jede Sensibilität für die Erde verloren. Wir wissen nicht mehr, was die Erde ist. Wir begreifen sie nur noch als eine Ressource, mit der man im besten Fall nachhaltig umzugehen hat. Die Erde zu *schonen* heißt ihr wieder ihr Wesen zurückzugeben. So schreibt Heidegger zur Rettung der Erde.

Die Sterblichen wohnen, insofern sie die Erde retten – das Wort in dem alten Sinne genommen, den Lessing noch kannte. Die Rettung entreißt nicht nur einer Gefahr, retten bedeutet eigentlich: etwas in sein eigenes Wesen freilassen. Die Erde retten ist mehr als sie ausnützen oder gar abmühen. Das Retten der Erde meistert die Erde nicht und macht sich die Erde nicht untertan, von wo nur ein Schritt ist zur schrankenlosen Ausbeutung. Die Sterblichen wohnen, insofern sie den Himmel als Himmel empfangen. Sie lassen der Sonne und dem Mond ihre Fahrt, den Gestirnen ihre Bahn, den Zeiten des Jahres ihren Segen und ihre Unbill, sie machen die Nacht nicht zum Tag und den Tag nicht zur gehetzten Unrast.

Seitdem ich im Garten arbeite, trage ich ein merkwürdiges Gefühl mit mir herum, ein Gefühl, das ich früher nicht kannte und das ich auch stark körperlich empfinde. Es ist wohl ein *Gefühl der Erde*, das mich beglückt. Vielleicht ist die Erde ein Synonym für das Glück, das sich heute immer mehr von uns entfernt. *Zurück zur Erde* heißt demnach *zurück zum Glück*. Die Erde ist die Quelle des Glücks. Heute verlassen wir sie, nicht zuletzt im Zuge der Digitalisierung der Welt. Die belebende, beglückende Kraft der Erde empfangen wir nicht mehr. Sie wird auf Bildschirmgröße reduziert.

Für Novalis ist die Erde ein Ort der Erlösung und Glückseligkeit. In seinem Roman *Heinrich von Ofterdingen* singt ein alter Bergmann ein schönes *Lied der Erde*:

Der ist der Herr der Erde,
Wer ihre Tiefen mißt,
Und jeglicher Beschwerde
In ihrem Schoß vergißt.

Er ist mit ihr verbündet,
Und inniglich vertraut,
Und wird von ihr entzündet,
Als wäre sie seine Braut.

Ranunculaceae

Hepatica nobilis

ROMANTISIERUNG DER WELT

Novalis definiert die Romantik wie folgt:

Indem ich dem Gemeinen einen hohen Sinn, dem Gewöhnlichen ein geheimnisvolles Ansehen, dem Bekannten die Würde des Unbekannten, dem Endlichen einen unendlichen Schein gebe, so romantisiere ich es.

Der winterliche Garten ist ein romantischer Ort. Jedes Anzeichen des blühenden Lebens mitten im Winter hat etwas Geheimnisvolles, Magisches, Märchenhaftes. Der blühende winterliche Garten erhält den *romantischen Schein des Unendlichen* aufrecht.

Die *Blaue Blume* ist das zentrale Symbol der Romantik. Sie steht für Liebe und Sehnsucht und verkörpert den metaphysischen Wunsch nach dem Unendlichen. In Novalis' *Heinrich von Ofterdingen* gibt es eine Traumszene, in der dem Protagonisten die blaue Blume erscheint:

Eine Art von süßem Schlummer befiel ihn, in welchem er unbeschreibliche Begebenheiten träumte und woraus ihn eine andere Erleuchtung weckte. Er fand sich auf einem weichen Rasen am Rande einer Quelle, die in die Luft hinausquoll und sich darin zu verzehren schien. Dunkelblaue Felsen mit bunten Adern erhoben sich in einiger Entfernung; das Tageslicht, das ihn umgab, war heller und milder als das gewöhnliche, der Himmel war schwarzblau und völlig rein. Was ihn aber mit voller Macht anzog, war eine hohe lichtblaue Blume, die zunächst an der Quelle stand und ihn mit ihren breiten, glänzenden Blättern berührte. Rund um sie her standen unzählige Blumen von allen Farben, und der köstliche Geruch erfüllte die Luft. Er sah nichts als die blaue Blume und betrachtete sie lange mit unnennbarer Zärtlichkeit. Endlich wollte er sich ihr nähern, als sie auf einmal sich zu bewegen und zu verändern anfing; die Blätter wurden glänzender und schmiegten sich an den wachsenden Stengel, die Blume neigte sich nach ihm zu, und die Blütenblätter zeigten einen blauen ausgebreiteten Kragen, in welchem ein zartes Gesicht schwebte.

Sehr romantisch wäre ein Garten voller blauer Blumen. Ihr reales Vorbild soll das Heliotrop, *Heliotropium arborescens*, gewesen sein. Es heißt auch Sonnenwende und duftet zart nach Vanille. So heißt es auch Vanilleblume. Diese romantische Blume von Novalis blüht in meinem Garten neben Kornblumen und Lein, die ebenfalls blaue Blumen sind.

Von Eichendorff stammt das Gedicht *Die blaue Blume.* Das Motiv der blauen Blume entwickelte sich in der Romantik zum Symbol für die ewige Sehnsucht und Wanderschaft auf der Suche nach dem Glück:

Ich suche die blaue Blume,
Ich suche und finde sie nie,
Mir träumt, daß in der Blume
Mein gutes Glück mir blüh.

Ich wandre mit meiner Harfe
Durch Länder, Städt und Au'n,
Ob nirgends in der Runde
Die blaue Blume zu schaun.

Ich wandre schon seit lange,
Hab lang gehofft, vertraut,
Doch ach, noch nirgends hab ich
Die blaue Blum geschaut.

Goethes Farbenlehre zufolge enthält Blau im Gegensatz zum Gelb etwas Dunkles. Blau hat auf das Auge eine »sonderbare und fast unaussprechliche Wirkung«. Blau ist »in ihrer höchsten Reinheit gleichsam ein reizendes Nichts«. Ein wunderschöner Ausdruck: *ein reizendes Nichts.* Romantik selbst ist ein reizendes Nichts. Blau hat »etwas Widersprechendes von Reiz und Ruhe im Anblick«. Blau ist vor allem eine Farbe der Ferne. Daher liebe ich diese Farbe der Romantik. Sie erweckt eine Sehnsucht.

Wie wir den hohen Himmel, die fernen Berge blau sehen, so scheint eine blaue Fläche auch vor uns zurückzuweichen. Wie wir einen angenehmen Gegenstand, der vor uns flieht, gern verfolgen, so sehen wir das Blaue gern an, nicht weil es auf uns dringt, sondern weil es uns nach sich zieht.

Blau ist die Farbe der Verführung, des Begehrens und der Sehnsucht. Es ist dem Gelb entgegengesetzt. Ich mag Gelb eigentlich nicht, denn es ist die »nächste Farbe am Licht«. Ich bin ein Nachtmensch. Ich meide das grelle Licht. Ich fühle mich geborgen im nächtlichen Dunkel. So verschlafe ich den ganzen Vormittag. Ich ziehe den hellen Schatten dem Sonnenlicht vor. Gelb wirkt für mich zu heiter und unbekümmert. Es ist zwar nicht meine Farbe, aber ich gebe ihm viel Raum in meinem winterlichen Garten, denn viele Winterblüher blühen gelb wie Winterlinge oder Winterjasmin. Keine andere Farbe vermag mehr Licht in den Winter zu bringen als Gelb. So ist es auch eine Farbe der Hoffnung.

WINTERKIRSCHE

Mit gelben Birnen hänget
Und voll mit wilden Rosen
Das Land in den See,
Ihr holden Schwäne,
Und trunken von Küssen
Tunkt ihr das Haupt
ins heilignüchterne Wasser.

Weh mir, wo nehm' ich, wenn
Es Winter ist, die Blumen, und wo
Den Sonnenschein,
Und Schatten der Erde?
Die Mauern stehn
Sprachlos und kalt, im Winde
Klirren die Fahnen.

Friedrich Hölderlin, *Hyperion*

In Goethes *Die Leiden des jungen Werthers* gibt es einen Wahnsinnigen, der im Winter Blumen für seine Geliebte sucht:

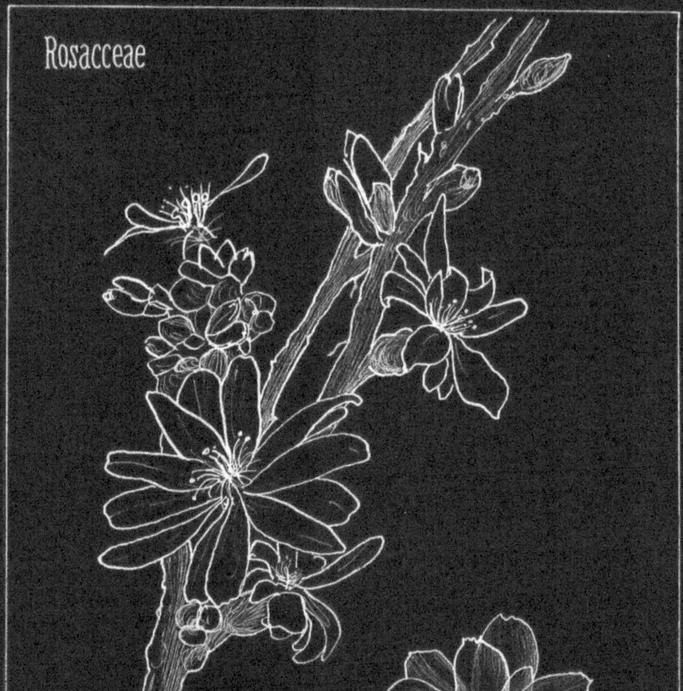
Rosacceae
Prunus subhirtella

Elender! Und auch wie beneide ich deinen Trübsinn, die Verwirrung deiner Sinne, in der du verschmachtest! Du gehst hoffnungsvoll aus, deiner Königin Blumen zu pflücken – im Winter – und trauerst, da du keine findest, und begreifst nicht, warum du keine finden kannst.

Die Blumen im Winter sind, so würde man denken, nur Träume und Täuschungen. Aber man muss nicht ein Träumer sein, um im Winter Blumen zu sehen, denn es gibt recht viele Pflanzen, die es vorziehen, gerade im Winter zu blühen. Manche Winterblüher trotzen sogar dem Dauerfrost. Es gibt zahlreiche Winterblüher, die auch im Schnee blühen. Das ist sehr tröstlich.

Meine Gartenarbeit, die im Sommer begann, war von Anfang an daraufhin angelegt, den Garten im Winter zum Blühen zu bringen. Ich war von dieser Idee geradezu besessen, ja berauscht. Meine Ambition war, alle Winterblüher in meinem Garten zu versammeln.

Bevor ich Winterblüher beschreibe, möchte ich die Gänseblümchen erwähnen. Als sie im Rasen zu blühen begannen, habe ich mich sehr an ihnen erfreut. Ich fand sie schön, weil so schlicht und unscheinbar. Bald entdeckte ich aber, dass sie den Rasen verdrängen und wuchern. So habe ich sie zu Unkraut erklärt und versucht, sie mit allen Mitteln aus dem Rasen zu entfernen. Ich griff sogar zur Chemie, zum Unkrautvernichter. Nun aber, im Winter, habe ich sie wieder liebgewonnen und mich für meine Untat entschuldigt, denn sie blühen unerschrocken in den Winter hinein. Sie trotzen der lebensvernichtenden Kälte. Auf diese lange Blützeit geht wohl ihr schöner botanischer Name *Bellis perennis*, die ausdauernde Schöne, zurück. Sie ist eine Blume, die wohl mit metaphysischem Begehren ausgestattet ist, eine wahre platonische Blume. Einige blühen mitten im Winterfrost unerschütterlich weiter. Im nächsten Frühling und Sommer werde ich ihnen gegenüber nicht so feindselig sein und sie im Rasen gerne gewähren lassen, damit sie furchtlos dem Winter die Stirn bieten. Die ausdauernde Schöne sollte sich in meinem Garten wohl fühlen. Und Unkraut vergeht nicht. *Bellis perennis* ist demnach ein Abbild der Unvergänglichkeit.

Als der Garten nach den ersten Frösten in Trostlosigkeit zu versinken begann, wurde ich vom Winterjasmin (*Jasminum nudiflorum*) freudig überrascht. Mitten in der winterlichen Kälte blühte er leuchtend gelb. Auch seine schön sattgrünen Zweige verliehen dem winterlichen Garten eine Frühlingsatmosphäre. Der Winterjasmin ähnelt der Forsythie. Im Gegensatz zur vierblättrigen Blüte der Forsythie besitzt er jedoch fünf oder sechs Kronblätter. Winterjasmin ist ein wahres Wunder. Mitten im Winter zaubert er den Frühling herbei. Reizvoll am Winterjasmin ist, dass seine Blüten sich erst nach und nach öffnen. Für mich ist er die Blume der Hoffnung schlechthin. Über einen längeren Zeitraum sorgte er dafür, dass mein winterlicher Garten blühte.

Der Winterjasmin gelangte erst 1844 aus China nach Europa. Goethes *Die Leiden des jungen Werthers* erschien 1774. Der Wahnsinnige aus dem Roman hätte also die leuchtend gelbe Winterblume nicht entdecken können. Ich hätte ihm gerne einen blühenden Zweig des Winterjasmins geschenkt, damit er seine Geliebte beglückt.

Ein besonderer Winterblüher ist die Winterkirsche (*Prunus subhirtella autumnalis*). Sie ist eine Kirsche, zieht es aber vor, statt im Frühling im Winter zu blühen. So heißt sie auch Schneekirsche. Bereits im Dezember steht sie in Blüte. Mein Kirschenfest beginnt im tiefen Winter.

Anfang Januar kam der gefürchtete Dauerfrost. Die Temperatur fiel unter minus zehn Grad. Er hat länger als zwei Wochen gedauert. Es fiel auch viel Schnee. Wider Erwarten konnte der Winterjasmin dem Dauerfrost nicht standhalten. Seine leuchtend gelben Blüten gingen ein. Auch Winterkirsche und winterblühender Duftschneeball, die wegen des milden Winters sehr früh blühten, konnten dem Dauerfrost nicht trotzen. Ihre Blüten wurden braun und matschig. Es waren letzten Endes Winterlinge, Schneeglöckchen, Winterheiden und Zaubernuss, die trotz Schnee und Dauerfrost tapfer Form und Farbe bewahrten. Sie haben dafür gesorgt, dass es in meinem winterlichen Garten keinen einzigen Tag gab, an dem nichts blühte. Selbst im tiefsten Winter stand mein Garten in Blüte.

Ranunculaceae
Eranthis hyemalis

WINTERLINGE UND ZAUBERNUSS

Auch der Winter kann duften. Winter ist keine duftlose Wüste. Eine Gärtnerei teilt Winterdufter wie folgt ein:

IM GARTEN: Schneeglöckchen, Winterlinge, Winterschneeball und Zaubernuss. FELD UND NATUR: Schnee und Gehölze. GEHOFTE: Silage, Heu, Kühe, Pferde und Schlachtfest.

Da ich animalische Gerüche und Fleisch nicht besonders mag, kommen als Winterdufter für mich nur Pflanzendüfte und Schnee in Frage. Was für einen Duft hat aber der Schnee? Selbst wenn ich taub und blind wäre, würde ich doch an einem frühen Wintermorgen sofort merken können, dass über Nacht viel Schnee gefallen ist. Der Duft des Schnees ist so unscheinbar, so dezent wie der Duft der Zeit, wie der Duft des erwachenden Morgens, dass nur wenige ihn zu vernehmen vermögen.

Es gibt viel mehr Winterdufter als nur Winterlinge, Winterschneeball oder Zaubernuss. Herrlich wie Zitrone duftet etwa die Winter-Heckenkirsche (*Lonicera fragrantissima*). Stark nach Moschus riecht dagegen die Chinesische Winterblüte (*Chimonanthus praecox*).

Winterling ist ein sehr schöner Name. Auf Lateinisch heißt er *Eranthis hyemalis.* Der Botaniker Joachim Camerarius der Jüngere hat ihn schon im 16. Jahrhundert von Italien nach Deutschland gebracht und in seinem Garten in Nürnberg kultiviert. Der Winterling ist ein Schneeblüher. *Hyemalis* heißt winterlich. *Eranthis* ist zusammengesetzt aus den griechischen Wörtern *éar* für Frühling und *anthe* für Blüte. Der Winterling blüht von Februar bis März. In meinem Garten trieben die Pflanzen schon Ende Dezember aus. Sie sehen sehr lustig aus. Die fast heiter wirkende gelbe Blüte strahlt über den zu einer Halskrause geformten sattgrünen Laubblättern. An den warmen sonnigen Wintertagen lockt er die ersten Bienen an. Bereits im Mai werden seine Blätter gelb. Und im Juni zieht er sich ganz in die Erde zurück zum langen Sommerschlaf. Winterlinge besitzen eine schöne sternförmige Samenkapsel. Diese sieht selbst wie eine Blüte aus. Offenbar verabscheut der Winterling den Sommer. Ich fühle mich ihm verwandt. Auch ich ziehe die Kälte der Hitze vor. Wenn ich eine Blume wäre, würde ich mitten im Winter blühen wollen.

Winterlinge bekommt man als kleine Knöllchen. Sie sehen wie Steinchen aus. Ich fragte mich: Wie kann aus diesem toten Ding ein Leben erwachen? Im Gartencenter werden sie in Tüten angeboten. Erst später erfuhr ich, dass die ausgetrockneten Knöllchen nie aufkeimen würden. So habe ich mir frische bei einem Blumenzwiebel-Händler besorgt. Sie sahen ganz anders aus und hatten bereits weiße Augen. Bei einem anderen Händler, der sich auf Winterlinge spezialisiert hat, werden sie sogar nur in Töpfchen angeboten.

Bekannt sind hierzulande nur gelbblühende südeuropäische Winterlinge. Die aus der Türkei stammende Art *Eranthis cilicica* unterscheidet sich nicht wesentlich von ihnen. Sie blüht nur etwas später als *Eranthis hyemalis.* Aber es gibt noch viele andere Winterlingsorten. *Eranthis Lady Lamortagne* bringt eine gefüllte Blüte hervor. *Eranthis Schlyters Triumph* hat eine orangengelbe Blüte. Beide Sorten habe ich im Garten. In meinem Garten hätte ich gerne weißblühende Winterlinge. *Eranthis pinnatifida* kommt aus Japan und hat weiße Blüten. Wunderschön anzusehen ist auch der weißblühende Winterling aus Nordkorea *Eranthis stellata.* Diese Arten besitzen mehr Anmut als *Eranthis hyemalis.* Ich habe einen Winterblüher-Spezialisten bei Potsdam gefragt, ob er die weißblühenden Winterlinge kenne. Er bejahte. Er habe mehrfach versucht, sie bei sich zu kultivieren. Er sei aber gescheitert aufgrund ganz anderer klimatischer Bedingungen in Deutschland. Der fernöstliche Winter ist sehr trocken. Die weißblühenden Winterlinge vertragen die kalte Nässe des Berliner Winters nicht. Dieses Jahr hatte der Berliner Zwiebelhändler *Albrecht Hoch*, der schon seit 1893 existiert, die weißblühenden Winterlinge aus Japan im Angebot. Ich habe gleich einige Knöllchen bestellt. Hoffentlich blühen sie an den warmen Tagen des kommenden Winters.

Viele Winterblüher haben einen ähnlichen Charakter. Fast alle sind giftig, nicht nur Winterlinge, sondern auch Krokusse, Christrosen und Schneeglöckchen. Mir gefällt vor allem der Charakter der Christrose. Wie ich reist sie nicht gerne. Man muss sie dort lassen, wo sie ist. Umpflanzen ist für sie Gift. Sie möchte ungestört bleiben.

Schneeglöckchen sind neben Winterlingen und Zaubernuss echte Winterblüher. Sie überstehen problemlos Schnee und tiefe Minustemperaturen. Es gibt verschiedene Sorten. Einige sehen wirklich bezaubernd aus. In meinem Garten habe ich ein Schneeglöckchen mit orangenfarbenen Streifen. Die Schneeglöckchen träumen mitten im Winter, das Köpfchen so nachdenklich gebeugt.

Schneeglöckchen heißen auch Hübsches Februar-Mädchen. Mit dem gesenkten Köpfchen wirken sie schüchtern. Für mich kündigen Schneeglöckchen nicht den Frühling an. Sie sind vielmehr ein erwachendes Leben mitten im Winter. Sie wirken viel erhabener als Winterlinge. Es ist beeindruckend, dass sie selbst mitten im Schnee und Frost Farbe und Form behaupten.

Besondere Aufmerksamkeit verdient die Zaubernuss. Sie ist ein echter Winterblüher, denn sie ist eigens auf Winter und Minustemperaturen eingestellt. Wie der Name vermuten lässt, haben die Sträucher etwas Zauberhaftes. Ja, sie wirken selbst wie verzaubert. Sie blühen bereits ab Dezember. Im Herbst hatte ich zwei Zaubernüsse in meinem Garten gepflanzt. Sie haben rote Blüten. Später kam eine gelbblühende Zaubernuss hinzu. Sie strömt einen herrlichen Duft aus. Die Zaubernuss, die man hierzulande erwirbt, ist eine Kreuzung der Japanischen und der Chinesischen Zaubernuss. Es ist interessant, dass viele winterblühende Sträucher aus dem Fernen Osten stammen. Ein metaphysisches Begehren ist den Asiaten eigentlich fremd. Warum blühen sie dann in der lebensfeindlichen Jahreszeit?

Die Zaubernussblüten sehen sehr eigenartig aus, fast drollig. Sie bestehen aus gekräuselten Fäden. Wenn die Temperatur unter null fällt, rollen sich die Fäden ein. Wenn es wärmer wird, rollen sie sich wieder aus. Der botanische Name der Zaubernuss heißt *Hamamelis. Hama* bedeutet zusammen und *melon* fruchtend. Sie heißen so, weil zwei Früchte in einer Fruchtkapsel reifen. Sie stellen also ein Liebespaar dar. Wahrscheinlich ist es die Liebe, die sie in lebensfeindlicher Jahreszeit blühen lässt. Die Zaubernuss ist also die Blume der Treue.

Um manche Pflanzen ranken sich Legenden und Mythen. Der Alraune mit ihrer menschenähnlichen Wurzel zum Beispiel wird eine magische Wirkung zugeschrieben. Der ohrenbetäubende Lärm beim Herausziehen ihrer Wurzel soll dem Volksglauben zufolge zum Tod führen. Die Pflanzen sind sehr empfindlich. Ich habe im Garten mehrere Alraunen gepflanzt. Aber sie gediehen nicht und gingen alle ein. Mein Garten liebt offenbar die *Stille.*

Ich sollte nicht vergessen, von Leberblümchen zu erzählen. Ich erwarb sie bei dem Gärtner, bei dem ich Winterlinge und Adonisröschen gekauft habe. Er ist, was Leberblümchen angeht, ein wahrer Meister und hat ein dickes Lexikon über sie verfasst. Das Leberblümchen ist eine der schönsten Blumen meines Gartens. Es bringt nicht selten mitten im Winter eine leuchtend blaue Blüte hervor. Sie ist für mich die BLAUE BLU-

ME schlechthin. Die Pflanze wirkt sehr zerbrechlich und irgendwie verschwindend. Ich liebe ihre vornehme Schwäche. Sie trägt nur ein paar leberförmige, grazile Blätter.

SCHNEEFORSYTHIE

Meine besondere Liebe gilt der Schneeforsythie (*Abeliophyllum distichum*). Sie kommt aus meiner Heimat Korea. Sie ist ein Endemit, das heißt, sie kommt nur in einem räumlich klar abgegrenzten Gebiet vor. Sie gedeiht nur an sieben Standorten (Habitaten) im mittleren Südkorea. Ich habe sie allerdings in einer Berliner Baumschule gefunden. Ihre Blüte ist schneeweiß und hat einen sehr feinen Mandelduft.

Auf Koreanisch heißt sie *Misonnamu.* Ihre Habitate sind in Korea als Naturdenkmäler geschützt. *Namu* ist das koreanische Wort für Baum. *Mison* heißt ursprünglich ein traditioneller koreanischer Fächer. Die Winterforsythie heißt *Mison,* weil ihre Frucht fächerförmig ist. *Misonnamu* – ein sehr schöner Name. Wenn ich einen Sohn hätte, würde ich ihn Namu nennen. Wenn ich eine Tochter hätte, würde ich ihr den Namen Mison oder Nabi (Schmetterling) geben.

Nabi: Warum ist überhaupt etwas da und nicht nichts? Der Baum … der Schmetterling …
Namu: Der Schmetterling ist da, damit der Baum sich nicht einsam fühlt.
Nabi: Und der Baum?

Hamamelidaceae
Hamamelis

Namu: Damit der Schmetterling sich vom Flug erholt.

Im tiefen Winter ist natürlich keine üppige sommerliche Blütenpracht zu erwarten. Der Winter bringt nur zierliche, zarte, zerbrechliche Gestalten hervor. Henry David Thoreau schreibt in *Walden*:

Viele Erscheinungen, die der Winter mit sich bringt, sind unaussprechlich zart, zerbrechlich und zierlich.

Alle Winterblüher sind irgendwie sehr zerbrechlich, zierlich und zart. Aufgrund ihrer Zurückhaltung wirken sie jedoch äußerst vornehm. Daher liebe ich sie.

Wenn der strenge Dauerfrost vorbei ist, zaubert mein winterlicher Garten mitten im Winter einen kleinen Frühling hervor. Anfang Februar 2016 standen die Winterlinge in voller Blüte. Sie waren wunderschön anzusehen. Und überall Schneeglöckchen. Sie wirkten traurig mit ihrem gesenkten Köpfchen. Sie hätten auch *Trauerglöckchen* heißen können. Vor allem im Schnee sehen sie reizend aus. Sie scheinen die winterliche Kälte geradezu zu lieben. Und die Zaubernuss blüht weiterhin zuverlässig. Sie zaubert den Winter weg.

Auch die Gänseblümchen ignorieren den Winter einfach. Ihre Dauerpräsenz macht ihrem Namen *Bellis perennis* alle Ehre. Die Winterheide blüht Anfang Februar unerschrocken weiter, als würde sie dem Winter keine Beachtung schenken. Erwähnenswert ist auch die Vorfrühlingsalpenrose. Anfang Februar bringt sie ihre roten zierlichen Blüten hervor.

ANEMONEN

Mitten im Winter, es war noch ein kalter Februartag, hat mich eine kleine blaue Blume sehr überrascht. Ich sah etwas leuchtend Blaues im noch winterlichen Blumenbeet. Es war eine frühblühende Anemone, *Anemone blanda.* Sie blüht sogar früher als Krokusse. Ich war überrascht, weil ich bisher im Garten nur Herbstanemonen hatte. Aufgrund ihres Aussehens heißt die frühblühende Anemone Strahlenanemone. Tatsächlich strahlt sie leuchtend blauviolett mitten in der winterlichen Kälte. Sie wagt sich ans Tageslicht, sobald die ersten Sonnenstrahlen die Schneedecke zum Schmelzen bringen. Für mich zählt die Strahlenanemone neben Winterling und Schneeglöckchen eindeutig zu den Winterblühern.

Erst jetzt begreife ich das Gedicht von Gottfried Benn *Anemone.*

Erschütterer –: Anemone,
Die Erde ist kalt, ist nichts,
da murmelt Deine Krone
Ein Wort des Glaubens, des Lichts.

Der Erde ohne Güte,
der nur die Macht gerät,

ward Deine leise Blüte
so schweigend hingesät.

Erschütterer –: Anemone,
Du trägst den Glauben, das Licht,
den einst der Sommer als Krone
aus großen Blüten flicht.

Als ich während des Studiums der Germanistik, meinem Nebenfach, zum ersten Mal dieses Gedicht las, wusste ich nicht einmal, wie eine Anemone aussieht. Trotzdem gefiel mir das Gedicht wegen seines denkwürdigen Pathos. Da ich bald bemerkte, dass in deutschen Gedichten häufig Blumen auftauchen, habe ich aus purer Not ein Blumenlexikon gekauft und nachgeschlagen, wenn ich in einem Gedicht auf eine unbekannte Blume stieß. Ich wollte zumindest wissen, wie sie aussieht.

An dem genannten Februartag war die Erde tatsächlich noch kalt. Da sprießt eine kleine blaue Blume aus der Erde empor. Sie war wirklich ein Erschütterer. Die blaue Anemone als Wort des Glaubens, des Lichtes stemmt sich dem winterlichen Nichts entgegen. Obwohl sie so zierlich aussieht, hat sie etwas Heroisches an sich. Im Gegensatz zu Gottfried Benn würde ich aber der Erde nicht jede Güte absprechen. Die Erde ist nicht nur gütig, sondern auch großzügig und gastfreundlich. Selbst mitten im Winter bringt sie ja ein herrlich blühendes Leben hervor.

KAMELIEN

In meinem Garten habe ich einige Kamelien gepflanzt. Auch sie sind Winterblüher. Wenn der Winter mild ist, blühen sie mitten im Februar. Letztes Jahr war der Winter sehr kalt. Die Temperatur fiel zeitweise unter minus fünfzehn Grad. Ich habe die Kamelien mit Vlies geschützt. Trotzdem sind sie beinahe erfroren. Sie passen einfach nicht in das Berliner Klima. Ihre Blütenknospen blieben jedoch am Leben. Sie gingen aber erst im Spätfrühling auf. Ihre weißen Blüten waren umso schöner. Sie überlebten den tödlichen Winter. Ihr Blühen hat mich beglückt. Blühen ist Rausch. Auch dieses Jahr habe ich wieder die Kamelien mit einer wärmenden Decke umhüllt. Ich schütze sie. Sie sind meine besonderen Schützlinge.

Im Südosten von Südkorea, in Busan, in der Stadt des bekanntesten Filmfestivals im Fernen Osten, gibt es eine Insel, die Kamelieninsel heißt. Das Filmfestival findet unweit von ihr statt. Ich habe die Insel gerne aufgesucht. Sie ist voller Kamelienbäume. Das Klima in Busan ist recht mild. So blühen sie mitten im Winter herrlich am Meer.

Theaceae

Camellia japonica

WEIDENKÄTZCHEN

O es war ein himmlisch Ahnen, womit ich jetzt den kommenden Frühling wieder begrüßte! Wie fernher in schweigender Luft, wenn alles schläft, das Saitenspiel der Geliebten, so umtönten seine leisen Melodien mir die Brust, wie von Elysium herüber, vernahm ich seine Zukunft, wenn die toten Zweige sich regten und ein lindes Wehen meine Wange berührte.

Friedrich Hölderlin, *Hyperion*

Der Frühling kündigt sich für mich akustisch an. Das Gurren der Tauben hat plötzlich eine andere Klangfarbe, bereits im Februar. Zunächst *höre* ich also den nahenden Frühling. So war es auch dieses Jahr. Der Frühling begann mit einem *Klang*.

Der Frühling ist doch da. Unglaublich. Mitten im Winter lag er für mich *jenseits der Zeit, ja jenseits der Möglichkeit.* Er rückte in eine ferne Zukunft. Während ich im winterlichen Garten arbeitete, schien er mir *unmöglich*.

Wenn der Winter eine Jahreszeit ist, in der nichts blüht, so habe ich dieses Jahr keinen Winter gehabt.

In meinem Garten gab es immer, selbst mitten im Dauerfrost, eine Blüte, ein blühendes Leben. Mein winterlicher Garten verwandelte den Winter in einen Frühling. Der richtige Frühling ist daher ein anderer Frühling, ein zweiter, ein später Frühling, ein *Spätling*.

Der erste warme Frühlingstag war 2016 der 28. März. An diesem Tag war mir – ich hatte wenig geschlafen – angesichts der überall sprießenden Triebe fast schwindlig geworden. Ich bemerkte einen richtigen Rausch bei den Pflanzen, der sich auf mich übertrug. Gleichzeitig war er mit einem scheuen Zögern vermischt. Ich war ein wenig benommen, berauscht von dem neuerwachenden Leben. So kann ich Hyperion sehr gut verstehen:

Wir erinnerten uns des vergangenen Mais, wir hätten die Erde noch nie so gesehen, wie damals, meinten wir, sie wäre verwandelt gewesen, eine silberne Wolke von Blüten, eine freudige Lebensflamme, entledigt alles gröberen Stoffs. Ach! es war alles so voll Lust und Hoffnung, rief Diotima, so voll unaufhörlichen Wachstums und doch auch so mühelos, so seligruhig, wie ein Kind, das vor sich hin spielt, und nicht weiter denkt.

Daran, rief ich, erkenn ich sie, die Seele der Natur, an diesem stillen Feuer, an diesem Zögern in ihrer mächtigen Eile.

Aus den Zweigen, die ganz tot aussehen, erwacht im Frühling ein neues Leben. Aus dem toten Stumpf sprießt wieder frisches Grün. Ich frage mich, warum dem Menschen dieses erstaunliche Wunder verwehrt ist. Er altert und stirbt. Für ihn gibt es keinen Frühling, kein Wiedererwachen. Er verwelkt und verwest. Er ist zu diesem traurigen, eigentlich unerträglichen Schicksal verurteilt. Da beneide ich die Pflanze sehr, die sich immer erneuert, sich wiederbelebt, sich verjüngt. Es gibt immer einen Neubeginn. Warum nur ist er dem Menschen verwehrt?

Auch *Hyperion* klagt:

Alles altert und verjüngt sich wieder. Warum sind wir ausgenommen vom wunderschönen Kreislauf der Natur? Oder gilt er auch für uns?

Gälte der wunderbare Kreislauf der Natur auch für uns, wäre auch für uns ein Neubeginn möglich, eine geheimnisvolle Verjüngung, eine Wiederauferstehung. Warum müssen wir immer schwächer werden, unaufhörlich altern, bis wir ganz verschwinden ohne jede Möglichkeit der Rückkehr ins Leben? Warum?

Christrosen etwa sind beinahe unsterblich, wenn man sie nur in Ruhe lässt. Sie mögen keine Bewegungen oder Reisen. Die Sterblichkeit ist vielleicht der bittere Preis dafür, dass wir uns von der Erde losgetrennt haben, dass wir frei herumlaufen, dass wir selbst-*ständig* sind. Freiheit ist demnach wohl Sterblichkeit.

So richtig begann der Frühlingsrausch mit den Weidenkätzchen. Bisher wusste ich nicht, was aus ihnen wird. Ich kannte sie als sich samtig anfühlende Knospen, die im Frühling im Blumenladen angeboten werden. Ich wusste nicht einmal, dass es sich um eine Knospe handelt. Nicht nur den Weidenkätzchen, sondern allen Pflanzen gegenüber war ich irgendwie gleichgültig. Diese frühere Indifferenz empfinde ich heute als eine beschämende Blindheit oder gar als Sünde.

An einem sehr warmen Frühlingstag gingen die Weidenkätzchen in meinem Garten gleichzeitig auf. Sie explodierten (es gibt keinen besseren Ausdruck). Jedes Kätzchen brachte unzählige kleine Einzelblüten mit gelben Pollen zur Erscheinung. So verwandelte es sich in eine leuchtend gelbe Blütentraube. Die Weide schien sich der Ekstase hinzugeben. Sie lockte einen riesigen Bienenschwarm an. Ich fragte mich, woher die Bienen kamen. Vor kurzem war noch kalter Winter. Ich hatte das Gefühl, dass sie wie aus dem Nichts auftauchten. Ganz berauscht wälzten sie sich im Pollenmeer. In kürzester Zeit wurde die Weide entleert. Ich hatte so etwas noch nie gesehen. Ich staunte über dieses wunderbare Naturphänomen.

KROKUSSE

Wenn der Frühling naht, singe ich gerne *Dichterliebe* von Schumann. Es gibt wohl kein Lied, das besser in den Frühling passen würde als das erste Lied der *Dichterliebe.*

Im wunderschönen Monat Mai
Als alle Knospen sprangen
Da ist mein Herz aufgegangen.

Das Lied singe ich am liebsten an einem warmen Märztag. Der Mai ist für mich schon zu sommerlich. Das Wort »Mai« geht im Übrigen auf den italienischen Gott des Wachstums zurück. »Wachstum« ist eigentlich kein schönes Wort. In ihm klingt ein Wuchern mit. Der Frühling aber ist *scheu, zurückhaltend.*

Wenn ich meinen Garten mehrere Tage nicht sehe, vermisse ich ihn wie eine Geliebte. So ist der Frühling für mich eine besondere Zeit. Die Liebe blüht. Im Frühling ist meine Liebe zum Garten besonders groß.

Als ich noch keinen Garten hatte, ging ich im Frühling oft zum St.-Matthäus-Kirchhof in Berlin-Schöneberg, um die ersten Krokusse zu bestaunen. Man muss sie beim Blühen fast ertappen. An einem warmen Tag im Winter oder im Vorfrühling kommen sie urplötzlich aus der Erde hervor und öffnen ihre Knospe. Sie beglücken mich sehr. Dieses Jahr habe ich bereits Ende Februar zwei Frühblüher entdeckt, wohl die ersten. Meine Freude war sehr groß.

In meinem Garten habe ich viele Krokusse gepflanzt. Wenn sie im Frühling blühen, bekommt der Garten etwas Märchenhaftes. Die Krokusse kündigen sehr zuverlässig im Winter den Frühling an. Dieses Jahr werde ich *Crocus imperati* pflanzen. Der sogenannte *Teufels-Krokus* überragt, was die Kälteresistenz angeht, alle anderen Krokusse. Selbst minus fünfzehn Grad machen ihm nichts aus. Er ist ein wahrer Winter-Krokus. So wird er der *still blühende Imperator* meines Wintergartens sein.

FUNKIEN

Als ich den Garten übernahm, standen in seinem hinteren schattigen Teil zwei Funkien. Ich habe ihnen zunächst keine Beachtung geschenkt. Ich fand sie auch nicht besonders schön und erkannte in ihnen keine Vornehmheit, keine Schönheit. Sie hatten, so mein erster Eindruck, etwas Derbes, ja Vulgäres an sich. Ihre Blüten waren, verglichen mit dem üppigen Blätterwerk, recht unscheinbar. Ich habe in ihnen nur ein wucherndes Grün gesehen. Die großen grünen oder gelb-bunten Blätter machten mir einen groben, sogar grobschlächtigen Eindruck.

Heute schäme ich mich für mein erstes Urteil, für meine Verurteilung der Funkien. Sie war falsch und ungerecht. Sie beruhte auf meinem Unwissen. Für die Schönheit der Funkien bin ich einfach blind gewesen. Mein Urteil nehme ich nun gerne zurück. Inzwischen habe ich mich in die Funkien regelrecht verliebt und habe viele Funkien zusätzlich gepflanzt. Mittlerweile stehen zehn Funkien in meinem Garten. Sie sehen wirklich prächtig aus im schattigen Teil des Gartens. Ja, sie bringen eine wunderschöne Pracht in den Schatten. Der Schatten wirkt durch Funkien prächtig, lichtgrün.

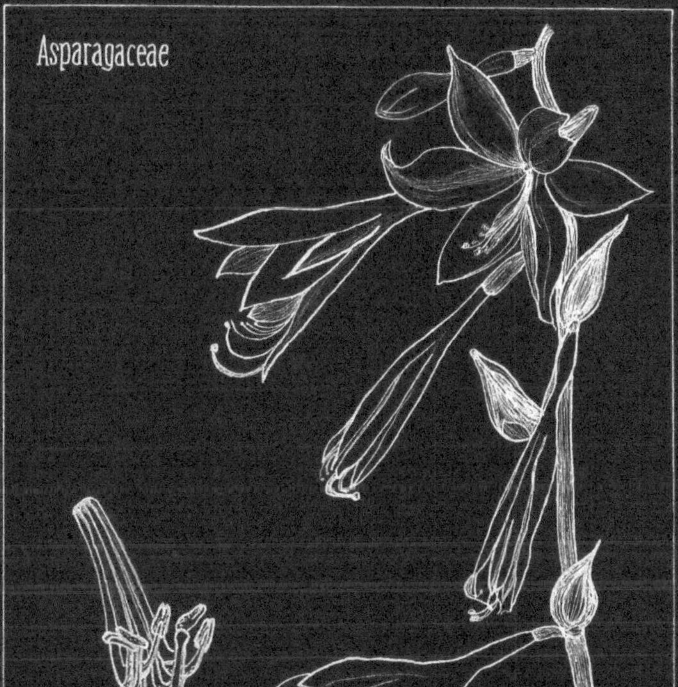
Asparagaceae
Hosta plantaginea

Es ist beglückend, im Frühling dem fast rauschhaften Wachstum der Funkien zuzusehen. Funkien haben wirklich einen ausgeprägten Trieb. Sie wachsen exponentiell und erreichen schon im Mai eine imposante Größe. Ihr fast eruptives Wachstum hat mich tief beeindruckt.

Zunächst wusste ich nicht, dass Funkien wie viele andere Gartenpflanzen aus dem Fernen Osten stammen. Auch in Korea sollen sie heimisch sein, aber ich habe sie dort nie gesehen. Ich bin in der Großstadt Seoul aufgewachsen. Als Kind habe ich nicht in der Natur, sondern zwischen einem Fluss, der zur stinkenden Kanalisation verkommen war, und Bahngleisen gespielt. In meiner Kindheitserinnerung habe ich mehr Gestank als Duft. Ich hatte keine schöne Natur um mich herum. Libellen gab es trotzdem viele. Rote Libellen liebte ich besonders. Auf Koreanisch heißen sie Chili-Libellen. Auf den Grashalmen, die den Weg zur Schule säumten, entdeckte ich auch zahlreiche Heuschrecken und Gottesanbeterinnen. Mehr Natur hatte ich aber nicht.

Funkien heißen auf Koreanisch 옥잠화(玉簪花). Der Name beruht auf einer Legende. Im alten China gab es einen wunderbaren Flötenspieler. Als er in einer Mondnacht eine schöne Weise spielte, erschien ihm eine Himmelsfee. Sie teilte ihm mit, dass die Himmelsprinzessin sie gerne noch einmal hören würde. So spielte er sie erneut. Die Himmelsfee bedankte sich bei ihm, zog eine Haarnadel aus Jade aus ihrem Haar und warf sie ihm zu, während sie wieder zum Himmel entschwebte. Der Flötenspieler vermochte die Nadel aber nicht aufzufangen. Sie fiel auf den Boden und zerbrach. Der Flötenspieler war darüber sehr traurig. An der Stelle, wo der Haarschmuck fiel, wuchs eine Pflanze, deren Blüte ihm ähnelte.

Die Blüten der Funkien sind sehr schön. Im Gegensatz zu den kräftigen Laubblättern sind sie äußerst zierlich, anmutig, wirken so zerbrechlich wie der Haarschmuck der Himmelsfee. Schön sind vor allem ihre leicht nach oben geschwungenen Staubblätter, die tatsächlich an alte koreanische Haarnadeln erinnern. Funkienblüten duften im Allgemeinen nicht. In meinem Garten habe ich jedoch eine duftende Funkie. Sie heißt *So Sweet*. Als süß würde ich ihren Duft aber nicht bezeichnen. Er ist vornehm. Die Duft-Funkie riecht in etwa wie eine Lilie, aber dezenter, verhaltener, leiser.

Ich habe dafür gesorgt, dass meine Funkien die besten Nachbarn bekommen. Zu den wunderbaren Nachbarn der Funkien gehören: das Kaukasische Vergissmeinnicht, Astilben, Glockenblumen, Storchschnäbel, Gräser, Farne und für den Herbst Anemonen und Silberkerzen. Den Fingerhut würde ich noch hinzufügen. In der Nähe der Funkien wachsen zwei Fingerhüte. Die Glockenblumen entfalten durch den ganzen Sommer hindurch einen herrlich blauen Glanz.

Ich liebe sehr Blumen, die Schatten lieben. Byung-Chul heißt zwar »helles Licht«. Aber ohne Schatten ist das Licht kein Licht. Ohne Licht kein Schatten. Schatten und Licht gehören zusammen. Der Schatten formt das Licht. Schatten sind seine schönen Umrisse.

Fingerhut heißt auf Lateinisch *Digitalis*. Das Wort

»digital« verweist auf den Finger *digitus*, der vor allem zählt. Die digitale Kultur lässt den Menschen gleichsam zu einem kleinen Fingerwesen verkümmern. Die digitale Kultur beruht auf dem zählenden Finger. Geschichte ist aber Erzählung. Sie zählt nicht. Zählen ist eine posthistorische Kategorie. Weder Tweets noch Informationen fügen sich zu einer Erzählung zusammen. Auch die Timeline erzählt keine Lebensgeschichte, keine Biographie. Sie ist additiv und nicht narrativ. Der digitale Mensch fingert in dem Sinne, dass er ständig zählt und rechnet. Das Digitale verabsolutiert die Zahl und das Zählen. Auch Facebook-Freunde werden vor allem gezählt. Die Freundschaft ist aber eine Erzählung. Das digitale Zeitalter totalisiert das Additive, das Zählen und das Zählbare. Sogar Zuneigungen werden in Form von *Likes* gezählt. Das Narrative verliert massiv an Bedeutung. Heute wird alles zählbar gemacht, um es in die Sprache der Leistung und Effizienz umwandeln zu können. Die Zahl macht zudem alles vergleichbar. Allein Leistung und Effizienz sind zählbar. So hört heute alles, was nicht zählbar ist, auf zu sein. *Sein* ist aber ein Erzählen und kein Zählen. Diesem fehlt die *Sprache*, die Geschichte und Erinnerung ist.

Ich gieße gerne Funkien. Dabei beobachte ich, wie die Wassertropfen über die breiten Blätter hinabkullern. Blumen gießen und sie dabei betrachten ist beruhigend und beglückend zugleich. Blumengießen ist Verweilen bei den Blumen.

Funkien heißen auch Herzlilien, weil ihre Blätter herzförmig sind. Ihre Blüten ähneln den Lilienblüten.

Funkien vergehen so plötzlich, wie sie gekommen sind. Der erste Frost lässt sie gleichsam wegschmelzen.

Ja, Astilben. Sie verdienen ein Lob. Zunächst schenkte ich ihnen wenig Beachtung. Aber als sie zu blühen begannen, staunte ich über ihre Schönheit. Die farbigen Blütenrispen glänzen herrlich. Ihre Leuchtkraft erkannte ich nicht. Es ist erstaunlich, dass auch die Astilben in Ostasien beheimatet sind. Sie leuchten prächtig. Deshalb heißen sie auch Prachtspiere. Sie verleihen dem Schatten, in dem sie sich wohl fühlen, eine wunderbare Pracht, eine Helligkeit und Festlichkeit.

Spier heißt wörtlich kleine, zarte Spitze. Eigentlich sehen alle Blüten der Spiersträucher, *spiraea*, so aus. Es sind sehr kleine Blüten. Ohne meinen Garten hätte ich nie das Wort »Spier« kennengelernt. Solche Wörter erweitern mir die *Welt*. Es gibt nicht nur Prachtspiere, sondern auch Sommerspiere oder Harlekinspiere.

Der Frühling kam. Schon im Mai blühten die Pflanzen, die im Winter dürre, totaussehende Zweige trugen oder bis auf einen unansehnlichen Stumpf verschwunden waren, fast wie in Ekstase. Der Garten ist ein ekstatischer Ort zum Verweilen.

ÜBER DAS GLÜCK

Sie (die Pflanzen und Tiere) sind, was wir waren; sie sind, was wir wieder werden sollen. Wir waren Natur wie sie, und unsere Kultur soll uns, auf dem Wege der Vernunft und der Freiheit, zur Natur zurückführen. Sie sind also zugleich Darstellung unserer verlorenen Kindheit, die uns ewig das Teuerste bleibt; daher sie uns mit einer gewissen Wehmut erfüllen. Zugleich sind sie Darstellungen unserer höchsten Vollendung im Ideale, daher sie uns in eine erhabene Rührung versetzen.

Friedrich Schiller

Jeder Tag, den ich in meinem Garten verbringe, ist ein Tag des Glücks. Das vorliegende Buch hätte auch *Versuch über den geglückten Tag* heißen können. Oft sehne ich mich danach, im Garten zu arbeiten. Bisher kannte ich dieses Glücksgefühl nicht. Es ist auch etwas sehr Körperliches. Nie war ich so körperlich aktiv. Nie habe ich so intensiv die Erde berührt. Die Erde scheint mir eine Quelle des Glücks zu sein. Ich habe oft gestaunt über ihre Fremdheit, über ihre Andersheit, über ihr Eigenleben. Erst bei dieser körperlichen Arbeit habe ich

Ranunculaceae

Anemone hupehensis

sie intensiv kennengelernt. Blumengießen, dabei ihnen zuschauen, ist still beglückend, ist stillend. Gartenarbeit ist also kein passender Ausdruck. Arbeit bedeutet ursprünglich Plage und Mühsal. Gärtnern hingegen ist beglückend. Ich erhole mich im Garten von der Mühsal des Lebens.

SCHÖNE NAMEN

Es gibt wunderschöne, spielerische und auch geheimnisvolle Blumennamen: Himmelsschlüssel, Tausendschön, Jungfer im Grünen, Dame in Trauer, Hundszahn, Brennende Liebe, Rührmichnichtan, Nachtschatten. Es ist beinahe unmöglich, alle Blumennamen auswendig zu lernen. Es soll circa 250 000 Blumenarten auf der Welt geben. Die Gesamtheit ihrer Namen würde meinen deutschen Wortschatz um ein Vielfaches übersteigen.

Früher habe ich viel über Eigennamen nachgedacht. In meinem Buch *Todesarten* schrieb ich:

In einer Erzählung schreibt Walter Benjamin: »Siebzehn Arten von Feigen gibt es, wie es heißt, auf der Insel. Ihre Namen – sagt sich der Mann, der in der Sonne seinen Weg macht, müßte man kennen.« Jede Art von Feigen ist also singulär und nicht austauschbar. Die Singularität verböte es, die siebzehn Arten von Feigen mit nur einem Namen zu nennen. Die allgemeine Bezeichnung höbe ihre Einzigartigkeit, ihre Jeweiligkeit, ihre Eigennamentlichkeit auf. Aufgrund dieser Singularität verdiente jede Feigenart einen eigenen Namen, einen Eigennamen. Sie verdiente es, mit dem jeweiligen Namen gerufen, angerufen zu werden. So, als wäre der Name die flüchtige Chiffre, die den Zu-

gang zum Wesen, zum Sein gewährte, als träfen allein die Nennung und die Anrufung mit dem Eigennamen ihr Wesen. Man vergriffe sich am Sein der jeweiligen Feigenart, wenn man ihre Vielfalt einem einzigen Namen, einer einzigen allgemeinen Bezeichnung unterwürfe. Nur das Singuläre wäre anrufbar. Allein die Nennung, die Anrufung mit dem Eigennamen gäbe den Schlüssel zur Erfahrung der jeweiligen Feigenart in die Hand. Es geht, wohlgemerkt, nicht um die Erkenntnis, sondern um die Erfahrung. Erfahren ist eine Art Anrufen oder Wachrufen. Der Gegenstand einer authentischen Erfahrung, d. h. der Anrufung ist nicht das Allgemeine, sondern das Singuläre. Allein dieses ermöglicht Begegnungen.

Seit ich gärtnere, versuche ich, mir möglichst viele Blumennamen zu merken. Sie haben meine Welt um einiges reicher gemacht. Es ist wohl ein Verrat an den Blumen, wenn man sie im Garten hat, ohne ihren Namen zu kennen. Ohne Namen ist es nicht möglich, sie anzurufen. Der Garten ist auch ein Ort der Anrufung. Hier ist Hölderlins Diotima ein Vorbild.

Unter den Blumen war ihr Herz zu Hause, als wär es eine von ihnen. Sie nannte sie alle mit Namen, schuf ihnen aus Liebe neue, schönere, und wußte genau die fröhlichste Lebenszeit von jeder.

Nietzsche begreift die Namensgebung als Machtausübung. Die Herrschenden »siegeln jegliches Ding und Geschehen mit einem Laute ab und nehmen es dadurch gleichsam in Besitz«. Der Ursprung der Sprache ist demnach die »Machtäußerung der Herrschenden«. Die Sprachen sind die »Nachklänge der ältesten Besitzergreifungen der Dinge«. Jedes Wort, jeder Name ist für Nietzsche ein Befehl: *Du sollst so heißen!* Namen sind demnach Fesseln. Benennung ist Bemächtigung.

Ich bin hier ganz anderer Meinung. Aus einem schönen Blumennamen höre ich keinen Befehl, keinen Machtanspruch, sondern eine Liebe, eine Zuneigung heraus. Diotima als Namensgeberin ist eine Liebende. Aus Liebe gibt sie den Blumen einen schöneren Namen. Blumennamen sind *Liebesworte.*

VICTORIA AMAZONICA

Wenn der Berliner Sommer durchgehend sehr heiß und schwül wäre und wenn ich einen großen Gartenteich hätte, würde ich dort gerne eine Seerose aus dem Amazonas, die *Victoria amazonica*, blühen sehen. Zufälligerweise trägt mein allererster philosophischer Vortrag, den ich vor zwanzig Jahren in Leipzig auf dem Deutschen Kongress für Philosophie gehalten habe, den Titel *Victoria amazonica.* Der Vortrag bezog sich tatsächlich auf diese wunderschöne Riesenseerose aus dem Amazonas. Damals hielt ich mich oft in Basel auf. Basel hat einen kleinen, aber sehr schönen botanischen Garten. Dort gibt es ein Seerosenhaus, ein Gewächshaus für tropische Wasserpflanzen. Einmal im Jahr ist der botanische Garten auch nachts geöffnet, damit man die *Victoria amazonica*, die gerade in der Nacht ihre Blüte öffnet, bestaunen kann. Diese Seerose hat mich zu einem philosophischen Vortrag inspiriert. Der Vortrag beginnt mit folgenden Worten:

> *Es gibt eine Seerose aus dem Amazonas, die Victoria amazonica heißt. Wenn die Sonne, der Helios, der Pate des Logos, untergeht, steigt die stachelige Blütenknospe aus dem Wasser und öffnet sich. Von ihrem*

Duft werden Insekten angelockt. Nach einer Weile schließt sie sich wieder. Die eingeschlossenen Insekten verweilen drin für die Nacht und bestäuben sie. Die Blüte der Seerose ist in der ersten Nacht weiß. Wenn sie sich in der zweiten Nacht wieder öffnet, verfärbt sie sich rot, als wäre sie berauscht. Erstaunlich ist dieser Farbenwechsel.

und endet so:

Den wahren Sammler zeichnet für Walter Benjamin eine Benommenheit von den Dingen, nämlich die Fähigkeit zur Inspiration aus, die dem Besitz vorausgeht: »Kaum hält er [der Sammler] sie [die Dinge] in Händen, so scheint er inspiriert durch sie, scheint wie ein Magier durch sie hindurch, in ihre Ferne zu schauen.« Auch Heideggers Hand hütet die Ferne: »Ich denke an eine aufruhende Hand, in der sich ein Berühren versammelt, das unendlich weit von jeglichem Betasten entfernt bleibt (…).«

Auch der Gärtner ist ein Sammler. Er lässt sich durch die Blumen inspirieren. Ich denke über die Hand des Gärtners nach. Was berührt sie? Sie ist eine liebende, wartende, geduldige Hand. Sie berührt das, was noch nicht da ist. Sie hütet die Ferne. Darin besteht ihr Glück.

Einen Gartenteich hätte ich wirklich gerne. Ich würde gerne eine Weiße Seerose, eine *Nymphaea alba*, im Teich blühen sehen. Da es sehr aufwendig ist, einen Gartenteich anzulegen, habe ich stattdessen einen schönen alten Kalksteintrog aus dem Kaiserstuhl in meinen Garten bringen lassen. Der mit Wasser gefüllte Steintrog strahlt eine schöne Ruhe aus. Zwei japanische Goldfische schwimmen darin.

In meinen Garten kommen auch Insekten. In Deutschland habe ich zum ersten Mal eine große graue Libelle gesehen. Sie ist sehr flink. Ich freue mich, wenn ich bei der Gartenarbeit auf kleine Grashüpfer stoße. Der Schmetterlingsflieder lockt zur Mittagszeit Schmetterlinge an. Pfauenaugen lieben sie. Der Schmetterlingsflieder stammt wie viele andere Blumen aus dem Fernen Osten. Vielleicht empfinde ich aus diesem Grund eine besondere Zuneigung für ihn.

Schmetterlinge und Bienen sind schöne Insekten. Es gibt aber auch unschöne Insekten, Nacktschnecken, Erdwürmer oder Asseln etwa. Mit ein wenig Abscheu wende ich mich von ihnen ab. Da ich ungern Lebewesen töte, habe ich die Nacktschnecken fleißig eingesammelt und weggetragen. Ich liebe Tiere und Insekten. Aber ich habe ein wenig Mühe mit Fliegen, Mücken und Nacktschnecken.

Mein Vorgänger hatte im Garten fast nur noch Dahlien. Als Erstes habe ich sie komplett entfernt. Die Dahlien haben etwas Ordinäres oder Vulgäres. Sie sind nicht vornehm. Zudem locken sie Nacktschnecken an. Seit sie weg sind, bekomme ich nur noch selten Nacktschnecken zu Gesicht. Ich liebe Schnecken mit einem eigenen Haus auf dem Rücken. Sie ähneln mir. Außerdem sind sie so langsam und träge wie ich. Die Nacktschnecken sind mir zu nackt, zu unbehaust. Ich empfinde aber kein Mitleid für sie. Sie sind mir zu penetrant.

In Heideggers »Erde« gibt es seltsamerweise keine Insekten. Nur ein einziges Insekt kommt bei Heidegger vor: die Grille. Sie ist allerdings nur als ein schöner Klang anwesend in den Tempelmauern. Insekten sind für Heidegger wohl alle Ungeziefer im ursprünglichen Sinne, das heißt ein zum Opfern ungeeignetes Tier. Die Tiere, die Heidegger in seine Erde, in seine Welt mitnimmt, sind vor allem Opfertiere wie Reh oder Stier. Ich liebe schöne Insekten.

Eine zerzauste Amsel sucht regelmäßig meinen Garten auf. Ich erkenne sie wieder. Ein schöner Besuch. Sie fühlt sich in meinem Garten wohl. Inzwischen habe ich mich mit ihr ganz identifiziert.

Colchicaceae

Colchicum autumnale

HERBSTZEITLOSE

Weint nicht, wenn das Treffliche verblüht! Bald wird es sich verjüngen! Trauert nicht, wenn eures Herzens Melodie verstummt! Bald findet eine Hand sich wieder, es zu stimmen!
Wie war denn ich? War ich nicht wie ein zerrissen Saitenspiel? Ein wenig tönt' ich noch, aber es waren Todestöne. Ich hatte mir ein düster Schwanenlied gesungen! Einen Sterbekranz hätt' ich gern mir gewunden, aber ich hatte nur Winterblumen.

Friedrich Hölderlin, *Hyperion*

Im Herbst ist die Verzweiflung groß. Alles verwelkt. Alle Blätter fallen zu Boden.

Hier und da ist an den Bäumen
Noch ein buntes Blatt zu sehn,
Und ich bleibe vor den Bäumen
Oftmals in Gedanken stehn.

Schaue nach dem einen Blatte,
Hänge meine Hoffnung dran;

Spielt der Wind mit meinem Blatte,
Zittr' ich, was ich zittern kann.

Es gibt wunderschöne Herbstblumen, die unverwüstlich in den Winter hineinblühen, wie etwa Winden. Zu den Herbstblumen würde ich auch Rosen zählen. Sie blühen munter weiter, bis der erste Frost kommt. Sie blühen in den Winter hinein. Nicht selten sieht man zarte Rosenknospen mit Schneehäufchen darauf. In meinem Garten habe ich einige Rosensorten, die mit ihrer Schönheit der Kälte trotzen.

Im Spätherbst muss man nicht auf die Blütenpracht verzichten. Es gibt Herbstkrokusse und Herbstzeitlose (*Colchicum autumnale*). Die Herbstkrokusse unterscheiden sich vom Aussehen her kaum von den Frühlingskrokussen. Die Herbstzeitlosen haben hingegen eine wesentlich größere Blüte. Ihre Zwiebeln sind auch viel größer. Was für ein Name, Herbstzeitlose! Mit ihrer bezaubernden Blüte bringt sie in den Garten eine schwebende Zeitlosigkeit. Aufgrund ihrer Üppigkeit passt sie eigentlich nicht in den Spätherbst. Alles ist dem Untergang geweiht. Da schießt aus dem schon mit Herbstlaub bedeckten Boden eine große Blüte. Sie versetzt den Garten in eine merkwürdige Stimmung. Wo das Leben zur Neige geht, erwacht ein neues, prächtiges Leben. Das schwächer werdende Licht und die kühlere Luft kündigen bereits den nahenden Winter an. Aber diese Blüte ordnet sich nicht der Zeit unter. Sie ist wohl eine metaphysische Blume. Ihre Zeitlosigkeit lässt eine Transzendenz aufscheinen. Die Herbstzeitlose verleiht dem Garten eine besondere Melancholie. Immer wieder versuche ich mich in jene seltsame Gartenstimmung zu versetzen. Sie ist die Grundstimmung, die meinen Garten beherrscht und diesem Gartenbuch zugrunde liegt. Sie be-*stimmt* es. Selbst mitten im Frühling und Sommer klingt sie nicht ab. Sie ist eng verbunden mit jenem Klavierstück von Schumanns *Gesänge der Frühe*, das ich zu dieser Zeit jeden Tag hörte. Das sehnsüchtige Warten auf den Morgen, auf das wieder erwachende Leben ist der Zeitmodus meines Wintergartens.

Der erste heiße Sommertag des Jahres 2016 war der 22. April. Vor dem nahenden Ende des Sommers hatte ich Angst.

Der Sommer war nun bald zu Ende; ich fühlte schon die düstern Regentage und das Pfeifen der Winde und Tosen der Wetterbäche zum voraus, und die Natur, die, wie ein schäumender Springquell, emporgedrungen war in allen Pflanzen und Bäumen, stand jetzt schon da vor meinem verdüsterten Sinne, schwindend und verschlossen und in sich gekehrt, wie ich selber.

Hyperion

Asteraceae
Xerochrysum bracteatum

EIN TAGEBUCH DES GÄRTNERS

C'est une chanson pour les enfants
Qui naissent et qui vivent entre l'acier
Et le bitume, entre le béton et l'asphalte
Et qui ne sauront peut-être jamais
Que la terre était un jardin.

Il y avait un jardin qu'on appelait la terre.
Il brillait au soleil comme un fruit défendu.
Non ce n'était pas le paradis ni l'enfer
Ni rien de déjà vu ou déjà entendu.

Il y avait un jardin, une maison des arbres
Avec un lit de mousse pour y faire l'amour
Et un petit ruisseau roulant sans une vague
Venait le rafraîchir et poursuivait son cours.

Il y avait un jardin grand comme une vallée.
On pouvait s'y nourrir à toutes les saisons.
Sur la terre brûlante ou sur l'herbe gelée
Et découvrir des fleurs qui n'avaient pas de nom.

Il y avait un jardin qu'on appelait la terre.
Il était assez grand pour des milliers d'enfants.

Il était habité jadis par nos grands-pères
Qui le tenait eut même de leurs grands-parents.

Où est-il ce jardin où nous aurions pu naître?
Où nous aurions pu vivre insouciants et nus?
Où est cette maison toutes portes ouvertes
Que je cherche encore et que je ne trouve plus?

Il y'avait un jardin, Georges Moustaki

Es regnet auf unsere waldesgleichen Gesichter.

La pioggia nel pineto, *Gabriele D'Annunzio*

31. Juli 2016

Die Sonnenblumen, die ich diesen Frühling außerhalb des Gartenzauns gesät habe, blühen nun trotz gefräßiger Schnecken, die ihre Samen so lieben. Sie sind sehr kräftig gewachsen. Diese Sonnenanbeterinnen umzäunen meinen Garten mit ihrem strahlenden Gelb. Sie wirken ja selbst wie eine strahlende Sonne. Ich blicke oft staunend hinauf zu ihnen. Sie sind *hoch.* Es ist ein Wunder, dass aus einem so kleinen Samen eine so riesige Blume hervorgeht. Ich habe ihren Blütenkopf angefasst und staunte über seine Festigkeit, über seine Bodenständigkeit und Erdigkeit. Dies tat mir gut und gab mir einen schönen *Boden*, dessen ich heute mehr denn je bedarf.

Die Winden am Gartenzaun blühen violett. Der Balkon meiner Basler Wohnung, die unweit von dem Haus lag, in dem Nietzsche wohnte, war von Winden bedeckt. Sie gingen schon in der Frühe auf und schlossen sich abends. Mein Balkon war auf der rechten Seite von Winden und auf der linken von Reben umrankt. Dazwischen blühten im Herbst Kosmeen. Am rechten Rand stand ein Geißblatt im großen Blumentopf. Es starb mit der gegangenen Liebe. Auch die Uhren blieben damals stehen. Der Schmerz war sehr groß.

Herrlich blühen die Strohblumen, rot, gelb und weiß. Ihre Blütenblätter fühlen sich so trocken an wie Stroh. Sie sehen aus, als würden sie nie verwelken. Ich liebe ihre Heiterkeit und Unbekümmertheit. Sie sind sehr kindlich. Sie mögen absolut kein Wasser. Wenn es regnet oder wenn ich sie gieße, rollen sie sich ein. Ja, sie krümmen sich zusammen, als würden sie Schmerz empfinden. Traurig, dass sie einjährig sind. Sie blühen auf Nimmerwiedersehen. Ich liebe besonders die weiße Strohblume.

Der blaue Hibiskus blüht. Hibiskus ist Koreas Nationalblume. Auf Koreanisch heißt er *Mugungwha.* Auch die blaue Rose namens *Novalis* blüht. Blau ist die Farbe der Romantik. Herrlich. »Herr« aber passt nicht zu ihrer Schönheit. Ihm fehlt die Anmut. Die blaue Hortensie glänzt verhalten im Schatten. Die Trauben von *Muscat Bleu* reifen langsam und färben sich blau. Die Schwarzäugige Susanne steht in voller Blüte. Sie ist die Sommerblume schlechthin. Mit ihrem lächelnden Auge *strahlt* sie über den ganzen Sommer bis in den Herbst. Sie wirkt so unbekümmert und heiter.

7. August 2016

Mönchspfeffer beginnt zu blühen. Ich dachte zunächst, dass er nicht winterfest sei, denn seine Zweige wirkten bis in den Frühsommer ganz ausgedörrt. Zu meiner Überraschung trieben sie jedoch aus. Das war eine wundersame Wiederauferstehung. Aus tot wirkenden Ästen gingen grüne Triebe hervor. Sie *leben.* Nun blühen sie leuchtend blau.

Mönchspfeffer wird auch Keuschbaum, Keuschlamm oder Liebfrauenbettstroh genannt, weil er angeblich den Sexualtrieb abschwächt. So steht er für Keuschheit und Jungfräulichkeit. Die Göttin Hera, die unter einem Keuschbaum geboren wurde, vereinigte sich einmal im Jahr mit Zeus. Ein Bad danach in dem Fluss *Imbrasos* erneuerte ihre Jungfräulichkeit. Mönchspfeffer gedieh in den Klostergärten des Mittelalters neben Gewürz- und Heilpflanzen. Die Mönche mischten ihren Speisen die scharf schmeckenden Samen als Gewürz bei. Sie taten ihre Wirkung als Anaphrodisiakum. Zu den Anaphrodisiaka, die gegen die »verwerfliche Fleischeslust« eingesetzt wurden, gehören neben Mönchspfeffer auch Weinraute, Hopfen, Süßholz oder Fuchsschwanz (*Amaranthus*). Der griechische Arzt Pedanios Dioskurides schrieb im ersten Jahrhundert zum Mönchspfeffer:

Lamiaceae

Vitex agnus-castus

Agnos, Keuschlammstrauch, bei den Römern als wilder Pfeffer bekannt, ist ein baumartiger Strauch, welcher an Flüssen und Felsküsten wächst. Er wird Agnos genannt, weil ihn bei den Thesmophorien die Weiber, welche ihre Keuschheit bewahren, als Lager nutzten oder weil er, getrunken, den Drang zum Beischlaf mäßigt.

Die Äpfel werden größer und gelber. Sie sind wohlschmeckend. Sie duften wirklich. Der Garten ist ein Ort der Düfte. Er duftet nach Erde. Die Erdbeeren, ja die duftenden Beeren der Erde breiten sich aus. Die Beere heißt ursprünglich die Rote. Aber nicht alle Beeren sind rot. Ich habe auch weiße Erdbeeren. Die Vögel fressen sie nicht, da sie sich denken, dass sie unreif sind. Aber sie sind reif, schmecken und duften süß. Aufgrund ihrer Farbe sind sie vor gefräßigen Vögeln geschützt, die in meinem Garten alle Beeren, auch die Trauben wegfressen. Sie sind dieses Jahr besonders gierig. Allerdings sind sie Feinschmecker. Sie fressen nur reife Früchte. Auch die Gurken und Tomaten wuchern. Ihr Wuchern ist maßlos. Ich liebe diese Maßlosigkeit nicht. Die Duft-Funkie *So Sweet* strömt einen herrlichen Duft aus.

12. August 2016

Ein sehr kalter, herbstlicher Tag mitten im Sommer. Die Blumen, die trotz der Kälte herrlich blühen, entschädigen für den frühen Abschied des Sommers. Dieses Jahr hat sich der Sommer wirklich sehr früh verabschiedet. Mitten im Sommer war es herbstlich. Die Herbstblumen melden sich nun. Die großen Blüten der Herbstzeitlosen sehen wie eine exotische Frucht aus. Sie blühen festlich, ja zeitlos mitten im Herbst. Fest-Zeit ist zeitlos. Das Fest stiftet Zeitlosigkeit. Heute hat sich die Zeit zu Arbeitszeit totalisiert. Es gibt kein *Fest* mehr. Die Zeit ist daher vergänglicher denn je. Die Herbstzeitlosen bringen Licht und Glanz in den sonst dunklen herbstlichen Garten.

23. August 2016

Sehr traurig war ich darüber, dass die Sommerblumen wegen des so kurzen und kalten Sommers schnell vergingen. Sie konnten sich nicht richtig entfalten. Sie blühten schnell aus. Eine unerwartete Kälte führte mitten im Sommer einen nasskalten Herbst herbei. Herbstzeitlose, die in der Regel im September oder im Oktober blühen, blühen nun mitten im Sommer. Eine Herbstzeitlose sieht wie ein riesiger Krokus aus. Eine andere hat eine gefüllte Blüte.

Die Duft-Hortensie strömt einen intensiven, aber sehr feinen Duft aus. Sie riecht nach Lilie. Die Krötenlilien blühen im Schatten. Ich liebe Schattenblumen. Ich habe den Schatten zum Blühen gebracht. Es blühen dort Fingerhut, Glockenblumen, Funkien, kaukasisches Vergissmeinnicht und Herbstanemonen. Es sind aber die Hortensien, die den Schatten hell erleuchten. Sie sind berauschend. Ich liebe sie. Ich habe sie mit der Zeit lieben gelernt.

19. September 2016

Es ist bereits tiefer Herbst. Die Luft ist sehr kühl. Die Trauer ist groß. Es blühen prächtig Herbstanemonen, Kosmeen, Herbstzeitlose und Herbstkrokusse. Die Kosmeensamen habe ich aus Korea mitgebracht. Dieses Jahr blühen also die koreanischen Kosmeen. Koreanisch ist offenbar auch das fremd duftende Basilikum, das ich auf dem Staudenmarkt im Botanischen Garten Berlins gekauft habe.

Mönchspfeffer, Rosen, Funkien verlieren langsam ihre Lebens- und Blühkraft. Bartblume, Herbstzeitlose, Phlox, Männertreu, Schwarzäugige Susanne, Duft-Funkie und Hortensien sind ganz verblasst, Rosen und Geranien geben dem herbstlichen Garten einen warmen, letzten Glanz.

In letzter Zeit war es mir zumute, als würde ich verbluten. Der Schmerz machte mich durchlässig und verwundbar. Die Wahrnehmung schärfte sich. Alles schmerzte mich irgendwie. Dann geschah ein Unglück.

Im Garten steht eine schöne Weide. Ich liebe sie sehr. Ich war erschrocken, als ich sie eines Tages umgeknickt sah. Ihre Blätter sahen vertrocknet aus. Offenbar hat ein Nagetier an ihrem Stamm genagt und ein Loch hineingerissen. Etwas Rotes war im Inneren des Stammes zu sehen, so dass ich das Gefühl hatte, dass sie verblutet ist, dass sie von mir gegangen ist. Es war der Tod, der sich in meinem Garten kundtat.

Meine Weide, meine Geliebte, ist verblutet. Die Wunde war so groß, dass sie nicht zu retten war. Sie ahnte wahrscheinlich, dass sie in diesem Herbst sterben würde. Im Frühjahr delirierte sie, umschwärmt von einem Bienenschwarm.

Am 25. September 2016 verweilte ich lange, bis in die Nacht hinein, beim aufgerichteten Leichnam meiner Geliebten, trauerte und weinte um sie mit den Herbstanemonen. Die Weide ist in dem Moment verblutet, in dem ich dachte, ich würde verbluten. Sie war meine Geliebte, die ich verloren glaubte.

29. September 2016

Prächtig blühen die japanischen Herbstanemonen, die koreanischen Kosmeen und Herbstkrokusse. Dieses Jahr habe ich aus Korea viele Pflanzensamen für meinen Garten mitgebracht, vor allem die Samen des Wilden Sesams *Deulkkae, Kkaennip* (jap. *Egoma*). Seine Blätter schmecken köstlich. Ich wickle darin ein wenig Reis mit Miso-Paste ein und stecke das Ganze in den Mund. Es duftet herrlich. Es duftet nach Erde, nach ihrer Tiefe und Verborgenheit. Die Wärme des Reises harmoniert sehr schön mit der Schärfe des Sesamblattes. Es gibt viele *Deulkkae*-Rezepte. In Sojasoße eingelegte Blätter schmecken besonders gut. Sie sind eine meiner Lieblingsspeisen.

Lamiaceae

Perilla frutescens

Köstlich ist auch die Tempura mit *Kkaennip.* Im dünnen, knusprigen Teigmantel ist ein betörender Duft eingeschlossen, der sich im Mund freisetzt. In meinem Buch *Abwesen* steht:

Auch die Tempura folgt dem Prinzip der Leere. Sie hat nicht jene Schwere, die dem Ölgebackenen in der westlichen Küche anhaftet. Das heiße Öl ist nur dazu da, die auf das Gemüse oder auf die Meeresfrüchte aufgetragene sehr dünne Mehlschicht in eine knusprige Anhäufung von Leere zu verwandeln. Auch der eingehüllte Inhalt erhält eine köstliche Leichtigkeit. Wird wie in Korea ein Sesamblatt für die Tempura verwendet, so löst es sich im heißen Öl in ein fast körperloses, wohl duftendes Grün auf. Es ist eigentlich sehr schade, dass noch kein Koch auf die Idee gekommen ist, ein zartes Teeblatt für die Tempura zu verwenden. Es entsteht dann eine Köstlichkeit aus zauberhaftem Teeduft und Leere, ja eine köstliche Speise der Abwesenheit.

Bis in den Spätherbst erntete ich *Kkaennip.* Leider hielten die Pflanzen dem Frost nicht stand. Sie sind nun zusammengeschrumpft. Schlapp hängen sie herab. Aus dem wohlschmeckenden, schön duftenden Grün ist ein schwarz-brauner Leichnam geworden. Sie strömen einen morbiden Duft aus. Mönchspfeffer, Rosen und Funkien verlieren langsam ihre Lebens- und Blühkraft.

Im Schatten blüht schön die blaue Bartblume. Und es blühen erneut Phlox und Männertreu. Die Schwarzäugige Susanne verblüht langsam. Rote Geranien scheinen sich wohl zu fühlen an diesen kalten Herbsttagen.

17. Oktober 2016

Es liegt bereits viel Herbstlaub auf dem Boden. Die Hortensienblüten verblassen langsam. Ihre farbigen Kelchblätter verwandeln sich nun in grüne Blätter. Leuchtend violett blühen hingegen die Glockenblumen, die den Hortensien benachbart stehen. Fast eigensinnig blüht die Duft-Funkie weiter. Die anderen Funkien tragen schon längst Samenkapseln. Ich liebe meine Duft-Funkie *So Sweet.*

Im Spätsommer dachte ich, dass die Rosen dieses Jahr nicht gut gedeihen. Sie waren nicht so blühwillig wie im letzten Sommer, der ja in Rosen gebettet war. Nun, im Herbst, blühen sie wieder auf. Die Kälte scheint sie sogar zu beleben. Es ist besonders schön, die Rosen in der Nacht zu betrachten. Die spät gepflanzten Herbstzeitlosen blühen schön. Ihre großen, gefüllten Blüten sind bezaubernd.

Beim Gärtnern lerne ich neue Wörter kennen, denen ich sonst nie begegnet wäre. Oft beglücken sie mich. Bei Hortensien gibt es unterschiedliche Arten. Sie sind nicht nur Sträucher, sondern auch Lianen. Ich finde das Wort Lianen wunderschön. Lianen heißen Kletterpflanzen mit verholzendem Stamm. Ich habe zwei Kletterhortensien im Garten. Die Laubblätter der Hortensien sind gegenständig. Den Begriff »gegenständig« finde ich interessant. Er bezeichnet *Phyllotaxis* (*phyllon*, Blatt, *taxis* Anordnung), eine bestimmte Anordnung der Blätter. Beim gegenständigen Grundtyp stehen sich die Blätter entlang der Sprossachse paarig gegenüber. Beim quirlständigen oder wirtelständigen Grundtyp wachsen am Spross mehr als zwei Blätter auf derselben Höhe. Das Wort »quirlig« kannte ich, »wirtel« hingegen war mir nicht bekannt.

Blattspreite, *Lamina*, bezeichnet den flächigen Teil eines Blattes oberhalb des Stiels. Sie ist wiederum unterteilt in die Blattnervatur, die aus Leitbündeln und den dazwischenliegenden Interkostalfeldern besteht. Die Blattnervatur der Hortensien ist meist fiedernervig, aber bei einigen Sorten ist sie acrodrom. Bei der acrodromen Blattnervatur verlaufen die Seitennerven zunächst parallel zum Blattrand und dann in Richtung Blattspitze. Diese Fremdwörter faszinieren mich. Oft bin ich gierig danach. Es wird immer komplizierter und schöner. Die Leitbündel befinden sich an der Grenze zwischen Palisaden- und Schwammparenchym. Im Deutschen, das mir so vertraut ist, begebe ich mich beim Gärtnern in eine schöne Fremdsprache, in eine schöne fremde Welt. Das eine Blatt birgt in sich so viele fremde Wörter. Die Laubblätter der Hortensien sind oft am Rande *gesägt*. Es gibt aber auch Laubblätter mit einem glatten Rand. Nebenblätter fehlen. Sie bezeichnen blattähnliche Auswüchse am Blattgrund. Sie sind also Scheinblätter wie die Nebensonnen, die Scheinsonnen sind.

Drei Sonnen sah ich am Himmel steh'n
Hab' lang und fest sie angeseh'n;
Und sie auch standen da so stier,
Als wollten sie nicht weg von mir.

Ach, meine Sonnen seid ihr nicht!
Schaut ander'n doch ins Angesicht!
Ja, neulich hatt' ich auch wohl drei;
Nun sind hinab die besten zwei.

Ging nur die dritt' erst hinterdrein!
Im Dunkel wird mir wohler sein.

Die Hortensien haben zymöse oder thyrsenförmige Blütenstände. Von einer Zyme oder von einem zymösen Blütenstand spricht man, wenn die Hauptachse mit einer Blüte endet. Thyrsus ist der Blütenstand, der sich aus mehreren Zymen an einer racemösen Hauptachse bildet. Racemös (lat. racemosus) heißt traubig.

Eine perigyne Blüte mit oberständigem Fruchtknoten besteht aus Blütenboden / Receptaculum, Kelchblättern / Sepalen, Kronblättern / Petalen, Staubblättern / Stamina und Fruchtblättern / Karpelle. Bei Hortensienblüten können Hochblätter (Brakteen) vorhanden sein. Am Rand des Blütenstandes stehen sterile Schaublüten. In seinem Inneren befinden sich fertile, sehr kleine und unauffällige Blüten. Die sterilen Blüten am Rande haben vier oder fünf kronblattartig vergrößerte, weiße, rötliche oder violette Kelchblätter. Bei vielen Gartenhortensien fehlen die fertilen Blüten ganz. Die Schaublüten, die man gewöhnlich für Hortensienblüten hält, sind keine eigentlichen Blüten. Sie bestehen aus Kelchblättern. Die fertilen Blüten sind meist zwittrig. Es gibt aber einige Arten, die eingeschlechtig sind. Dann sind sie diözisch, das heißt, zweihäusig getrenntgeschlechtig.

Hydrangeaceae

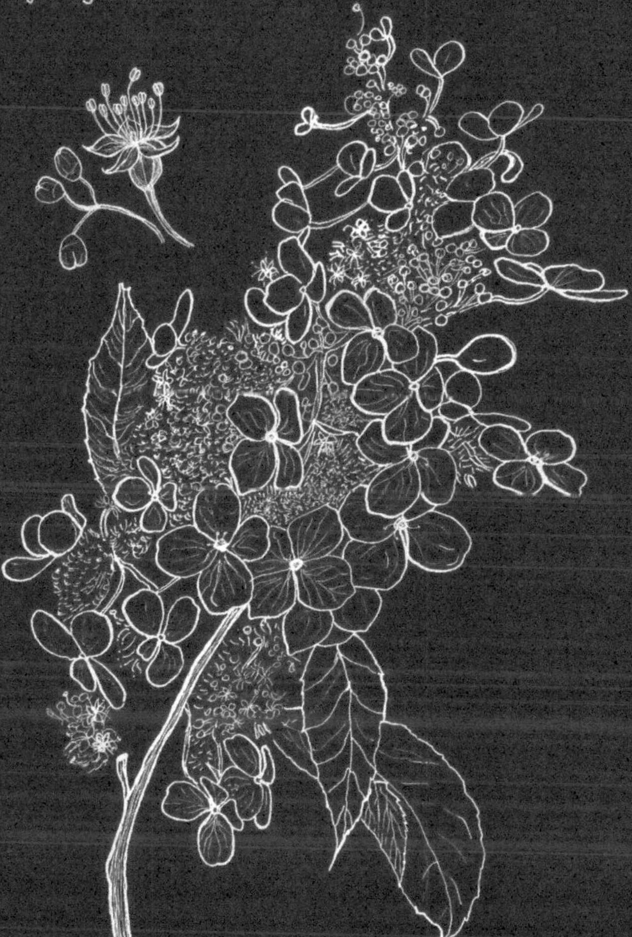

Hydrangea paniculata

27. Oktober 2016

Es ist sehr nass und kalt. Die Rosen lassen ihre Köpfe hängen. Sie blühen mit letzter Kraft. Die Blätter der Funkien schmelzen regelrecht dahin. Fast transparent werden ihre gelben Umrandungen. Der grüne Teil wird ganz gelb. Mitten im Herbstlaub blühen Herbstkrokusse und Herbstzeitlose. Tod und Geburt, Kommen und Gehen vermischen sich in tiefer Melancholie. Ich habe die Herbstzeitlosen im September gepflanzt. Schön sind ihre weiß-violetten Triebe, die im Spätherbst aus dem Boden aufschießen. Einige »Bodendecker« (was für ein liebloser Ausdruck) blühen auch in den Winter hinein. Ich liebe besonders Männertreu, auch Blaue Lobelie genannt. Ihre Blüte ist leuchtend blau und orchideenförmig. Männertreu blüht besonders treu. Der Lavendel trägt vereinzelt noch Blüten. Strohhut blüht wieder. Es ist interessant, dass manche Blumen nach dem Verblühen zur zweiten Blüte ansetzen. Ich liebe diese *Spätlinge.*

18. November 2016

Diese Zeilen schreibe ich nun auf dem Jugendstilschreibtisch, den ich kürzlich gekauft habe. Wunderschön sind seine Beschläge und Schlüssel. Der Jugendstil und auch der Art déco sind meine Stile. Sie besitzen eine stille, schlichte, sich zurücknehmende, aber beschwingte Schönheit. Mein neuer Schreibtisch hat eine grüne *Schreibwiese.* Geschriebene Worte blühen dort wie Wiesenblumen.

Es ist tiefer Herbst, fast Winter. Es regnet in Strömen. Kalter Regen. Es ist sehr dunkel, trüb und nass. Es wird nie richtig hell, selbst wenn die Sonne scheint. Sie hat keine Strahlkraft mehr. Sie wirkt wie eine matte Scheibe am Himmel. Stundenlang habe ich das Herbstlaub gekehrt. Nun sind fast alle Blätter gefallen. Eichenblätter mag ich ganz und gar nicht. Sie sind sehr grob und robust. So verrotten sie auch nicht schnell. Ich liebe zartere, schwächere Blätter, die es vorziehen, zu verschwinden, sich schnell mit der Erde zu vereinigen, in die Erde zurückzukehren. Die Eichenblätter insistieren. Daher finde ich sie nicht schön. Ich möchte sie schnell verbrennen.

Zurzeit sehen die Hortensien ganz erbärmlich aus. Ihre Blätter sind nun braun und schwarz. Überall Verwesung und Verfall. In einem gewöhnlichen Garten gäbe es zu dieser Zeit keine blühende Blume mehr. Aber mein Garten ist ein Wintergarten. In meinem Garten beginnt ein neuer, zweiter Frühling. Es sprießen überall grüne Triebe. Herbstkrokusse blühen. Der Duftschneeball trägt pralle Blütenknospen. Bald werden Winterkirsche, Winterjasmin, Winterlinge, Adonisröschen, Schneeglöckchen, Chimonanthus, Zaubernuss und Christrosen blühen. In meinem Garten gibt es einen zweiten Frühling mitten im Winter.

27. November 2016

Schön blüht der Safrankrokus, *Crocus sativus.* Er ist ein herbstblühender Krokus. In der Mitte der Blütenblätter befinden sich die leuchtend roten Narben, die Safranfäden. Die Ausbeute ist allerdings sehr gering. Für ein Kilo Safran werden bis zu zweihunderttausend Blüten benötigt. So gilt der Safran als königliches Luxusgewürz. Er gilt auch als Heilmittel und wird zur Färbung kostbarer Gewänder genutzt. Die Römer gingen sehr verschwenderisch mit Safran um. Für sie bedeutete Safran Luxus und Verschwendung schlechthin. Nero ließ zum Zeichen seines Triumphes die Straßen Roms mit Safran bestreuen.

Der Safrankrokus scheint die Kälte zu lieben. Er blüht mitten in der winterlichen Kälte. Besonders schön sind seine schmalen, nadelförmigen Blätter. Im Moment blüht er unweit von einer verspätet blühenden weißen Herbstzeitlosen. Die Herbstzeitlosen verleihen dem Garten eine gewisse Zeitlosigkeit. Sie sind *Gesänge der Frühe.*

3. Dezember 2016

Es ist eiskalt. Die Winterheiden blühen, weiß, gelb und rosa. Der Frost scheint ihnen nichts auszumachen. Wie geduldig, wie leidensfähig sind sie! Oft blühen sie an Gräbern. Sie versprechen eine Wiederauferstehung. Ich habe eine Krokusblüte gepflückt und in Baudrillards

Buch *Von der Verführung* eingeheftet. Der Safrankrokus in der Winternacht ist selbst eine Verführung. Er hat sich auf den Seiten 138 und 139 schön abgebildet. Die safranfarbenen Zeilen lauten:

In jedem Verführungsprozeß wie auch in jedem Verbrechen liegt etwas Unpersönliches, etwas Rituelles, Übersubjektives und Übersinnliches, von dem die tatsächliche Erfahrung sowohl des Verführers wie seines Opfers nur der unbewußte Widerschein ist. Eine Dramaturgie ohne Subjekt. Die rituelle Übung einer Form, deren Subjekte sich verzehren. Daher erhält das Ganze sowohl die Gestalt eines ästhetischen Werkes als auch die eines rituellen Verbrechens.

Die Verführungskraft des schönen Mädchens, ihre *natürliche* Schönheit, muss durch die kunstvolle Dramaturgie und Strategie des Verführers geopfert und zerstört werden. Die Kunst des Verführers, der ohne Psychologie, Seele und Subjektivität auskommt, besiegt die natürliche Verführungskraft des schönen Mädchens. Der Verführer ist ein Opferpriester, der sich dem rituellen Prozess der Verführung hingibt.

Heute konnte ich kurz in der Illusion verweilen, ich wäre doch mitten im Frühling. Selbst bei dieser Kälte strahlen die nadelförmigen Blätter der Safrankrokusse sattgrün. Die gefrierende Nässe auf dem Rasen und auf dem Herbstlaub glitzert wie Diamanten, wie Sterne am klaren Nachthimmel. Ich nehme die silbern glitzernden Herbstblätter wie die fröstelnde Haut der Geliebten wahr, die durch meine Finger erwärmt werden will. Ich hätte sogar den glitzernden Boden geküsst.

Am blattlosen Apfelbaum hing noch ein runzeliger Apfel. Erst heute sah ich ihn und staunte. Er glänzte gelb in der Nacht. Ein Geschenk, ja ein Lob der Erde ist er, der einsame Winterapfel. Er erleuchtete, erlöste die trostlose Winternacht, als wäre er eine Widerspiegelung eines metaphysischen Lichtes, des Schönen, das gleichzeitig das Gute darstellt.

12. Dezember 2016

Überall liegen noch Eichenblätter. Ich hasse sie. Sie zerstören Formen und Farben, die den Garten ausmachen. Sie verwandeln alles ins Gleiche, indem sie Unterschiede beseitigen. Sie sind tot, aber sie sterben nicht. Sie sind Untote meines Gartens. Unsere heutige Gesellschaft ist wohl auch überwuchert von gleichmachenden Untoten. Der deutsche Neoliberalismus etwa, als eine Art hässlicher Eichenwald aufgefasst, gleicht den untoten Eichenblättern, die alle Unterschiede, ja deren Andersheit vernichten. Gerade fällt mir auf, dass in dem Wort Gleiche bereits Eiche enthalten ist.

Heute habe ich fast zornig alle Eichenblätter aus dem Garten entfernt. Jene, die in die Zweige anderer Pflanzen eingeklemmt waren, ja sich eingezwängt hatten, habe ich einzeln herausgenommen, um sie gleichsam hinzurichten. Ahornblätter hingegen erscheinen mir edler und feiner als Eichenblätter. Die kleinen gelben Kirschblätter gefallen mir auch.

Die verwelkten Funkien sind nun ganz schwarz geworden. Ihre Blätter hängen schlaff herab. Sie strahlen jedoch eine morbide Schönheit aus. Der winterliche Garten ist selbst ohne Blüten herrlich anzusehen. Die Gerippe der verwelkten japanischen Herbstanemonen sind genauso schön wie ihre Blüten selbst. Die Gräser sehen gerade im Winter besonders reizend aus. Grün glänzen daneben die Christrosen und die Kamelien. Nur Winterblüher behalten ihr sattes Grün. So bleiben *Sarcococca humilis*, auch Duft-Fleischbeere genannt, und japanische Lavendelheide grün im Winter. Die Kamelien sollte ich wieder in einen warmen Wintermantel hüllen. Letztes Jahr sind sie beinahe erfroren und blühten erst im Frühling.

24. Dezember 2016

Am Heiligen Abend war ich nachts alleine im Garten. Ich beleuchtete den Garten mit dem Scheinwerfer, den ich für meinen Film benutzte. Ich habe an dieser Halogen-Leuchte einen Tageslicht-Filter angebracht. So leuchtet sie schön weiß. Tageslicht ist schöner als Kunstlicht. Während ich meinen Film *Der Mann, der einbricht* drehte, lernte ich das Licht kennen. Nun kann ich zwischen schönem und unschönem Licht unterscheiden. Als mein Zahnarzt sich meine Zähne mit einer Lichtlupe ansah, unterbrach ich die Behandlung, weil das Licht mir so schön erschien. Er erzählte mir, dass ein Kollege eigens für ihn diese Lichtlupe gebaut habe.

Das nächtliche Tageslicht verwandelt den Garten in eine Filmszene. Im Garten war es heute jedoch sehr trostlos. Letztes Jahr war es um diese Zeit sehr warm. Damals blühten Winterlinge, Winterjasmin und Winterkirsche. Nun sehe ich nur abgeknickte Safrankrokusse. Aber überall sind junge Triebe zu sehen. Der Duftschneeball und die Winterkirsche blühen beinahe. Auch die Zaubernuss wird bald wieder blühen, rot und gelb.

9. Januar 2017

Ein klirrend, ja fast schmerzend kalter Wintertag. Die Temperatur fällt abrupt unter minus zehn Grad. Der Garten ist ganz in Schnee gehüllt. Eine tiefe Melancholie herrscht überall. Ich würde gerne zu einer ewigen Winterreise aufbrechen.

Letztes Jahr blühten zwischen Weihnachten und Neujahr Winterlinge, Winterjasmin, Winterkirsche, Zaubernuss und Duftschneeball. Das Wetter war ungewöhnlich mild. So gab es mitten im Winter einen Frühling.

Heute in der eiskalten, frostigen Nacht habe ich sehr gelitten mit meinen Pflanzen, die ich liebe. Ich litt mit meinen Geliebten. Ich werde sie bald vor tödlicher Kälte schützen müssen. Die Kamelien bedürfen einer besonderen Fürsorge. Ich werde sie mit meiner Bett-

Ranunculaceae

Helleborus niger

decke umhüllen. Es gibt sehr schutzbedürftige Pflanzen in meinem Garten. Ich möchte ihnen Wärme geben. Liebe ist auch Fürsorge. Der Gärtner ist ein Liebender.

19. Januar 2017

Eine eiskalte, schneeweiße Nacht. Es ist ein Wunder, dass einige Winterblüher trotz dieser lebensfeindlichen Kälte blühen. Zaubernuss und Christrose blühen mitten im Schnee. Sie feiern die Wiederauferstehung. Heute ist mein Ostertag. Die Blüte der Zaubernuss strahlt purpurrot. Die Christrose erhellt die Nacht mit ihren weißen Blüten. Schwer ist zu unterscheiden zwischen dem Weiß des Schnees und dem Weiß der Christrose.

29. Januar 2017

Die Blüten der Christrosen sind quasi schockgefroren. Sie bewahren jedoch trotzig, ja heroisch ihre Form und Farbe. Schön sind ihre zahlreichen weißen Knospen im nächtlichen Dunkel. Sie bringen *Sein* ins winterliche Nichts. Insofern sind sie *metaphysisch.* Sie *transzendieren* die Physis, die der Vergänglichkeit ausgeliefert ist. Sie beseitigen die winterliche Melancholie, indem sie strahlen. Die Winterblüher sind erhaben, ja numinös. Sie sind *Numen meines Gartens.*

Auf Rilkes Grabstein steht: »Rose, o reiner Widerspruch, Lust«. Die Christrose in meinem Garten ist wahrlich ein reiner Widerspruch gegen den Tod, ein blühender Widerstand gegen das Verfallen und Verwesen. Sie ist Lust, Lebenslust mitten im lebensfeindlichen Winter. Sie ist beinahe *immortel.* Sie verkörpert die reine *Lust am Sein.* Ihr Blühen ist ein Delirieren, ein berauschendes, aber gleichzeitig melancholisches Wachträumen mitten im winterlichen Dunkel. Sie bringt wie die Herbstzeitlose eine wundersame Zeitlosigkeit in meinem Garten hervor.

Die Eiskristalle auf dem noch grünen, gefrorenen Rasen glitzern zauberhaft zwischen Kamelien und Zaubernuss. Sie wirken wie Sterne am Nachthimmel. Beglückt schaue ich dem nächtlichen Lichtspiel zu.

Mitten im Winter sehne ich mich nach Blumen, nach blühendem Leben. Sie fehlen mir gerade sehr. Ich vermisse sie fast körperlich. Ja, ich begehre sie wie Geliebte. Mitten im Winter sehne ich mich nach Farben, Formen und Düften.

Inzwischen denke ich, dass wir heute nicht unbedingt glücklicher geworden sind. Wir entfernen uns immer mehr von der Erde, die eine Quelle für das Glück sein könnte.

27. Februar 2017

Nach einer ewigen lebensfeindlichen Kälte kam heute der erste, helle Frühlingstag mitten im Winter. Ich spürte eine merkwürdige Schwingung der Luft und des Lichtes. Auch der Sonnenstrahl fühlte sich ganz anders an. Auf meiner Wange, auf die er fiel, spürte ich den kommenden, verheißungsvollen Frühling. Das Licht hatte eine andere Intensität, eine andere Stimmung. *Etwas ist anders geworden.* Nun blühen Winterlinge. Man kann sie beinahe wachsen und blühen sehen. Auch Christrosen blühen zahlreich. Zauberhaft ist die gelbe, fein duftende Zaubernuss.

Die Winterblüher ziehen schon die Bienen an. Halten die Bienen eigentlich Winterschlaf? Sie tauchen so urplötzlich mitten im Winter auf. Sie umschwärmen die Christrosen und Winterlinge. Heute war ich überwältigt von diesem Anblick. Ich kniete nieder und küsste jede Blüte. Ich küsste auch die silbern glänzende Blütenknospe des Adonisröschens.

2. März 2017

Heute war ich wieder in dem noch winterlichen Garten. Im Moment vermisse ich meinen Garten besonders, denn gerade im Winter möchte er von mir gepflegt, angeschaut, das heißt geliebt werden. Er ist ja ein Wintergarten im wörtlichen Sinne. Das Adonisröschen trägt eine seidene, silbern glänzende Blütenknospe. Ich war von seiner Schönheit schier überwältigt. Letztes Jahr blühte das Adonisröschen nicht. Mein Garten hat mich irgendwie gottgläubig gemacht. Die Existenz Gottes ist für mich nicht mehr eine Sache des Glaubens, sondern eine Gewissheit, ja eine Evidenz. *Gott ist, also bin ich.* Ich machte die Knieschutzmatte aus Schaumstoff zu meinem Gebetsteppich. Ich betete zu Gott: »Ich preise Deine Schöpfung, deren Schönheit. Danke! Grazie!« Denken ist Danken. Philosophie ist nichts anderes als Liebe zum Schönen und Guten. Der Garten ist das schönste Gute, das höchste Schöne, *to kalon.*

17. März 2017

Ich halte mich diese Tage in Seoul auf. Ich wollte meinem sterbenden Vater nahe sein.

Vom schlafenden Antlitz
die Fliegen fernzuhalten.
Heute, zu guter Letzt …

Die Nacht brach herein und mir blieb nichts anderes mehr zu tun, als – mochte es mir auch sinnlos erscheinen – mit dem Wasser aus einem Gefäß neben Vaters Krankenlager seine Lippen zu befeuchten.

Der Mond des 20. Tages schien zum Fenster herein. Ringsum in der Nachbarschaft lagen alle in tiefem Schlaf. Als ich in der Ferne den achtmaligen Hahnenschrei hörte, wurden seine Atemzüge leise, so leise, daß man sie kaum noch wahrnehmen konnte.

Issa, *Die letzten Tage meines Vaters*

Ich war heute erneut auf Seouls heiligem Berg *In-Wang-San.* Es ist winterlich kalt in Seoul. Kein Grün, überall grauer Beton. Auf dem Weg zum heiligen Berg, wo Götter wohnen, begegnete ich dem blühenden Winterjasmin. Mitten im Winter blühte er leuchtend gelb. Dieser winterblühende Strauch liebt offenbar die Berge. Er blüht vorwiegend in den Höhenlagen zwischen 800 und 4500 Metern. Ich wurde heute tief beglückt von dieser schönen Begegnung, die mir wie ein Geschenk des Himmels erschien. Ich pflückte ein paar Zweige und opferte sie den Göttern des heiligen Berges, die heute von niemandem mehr beachtet werden. Aber sie *sind.* Die Menschen hier vergöttern hingegen das Geld. Die Erde, das Schöne, das Gute ist verschwunden und ganz verschüttet.

19. März 2017

Heute war ich wieder bei meinem sterbenden Vater. Auf dem Rückweg wurde ich von einem winterblühenden Baum überrascht, den ich bisher nicht kannte. Es war eine Asiatische Kornelkirsche, *Sansuyu*, die in China, Korea und Japan beheimatet ist. Die Blüte sieht wie die eines Duftschneeballs aus. Ich pflückte einen Zweig. Danach ging ich wieder zu einem buddhistischen Tempel im Heiligen Berg In-Wang-San und opferte die Blume dem Buddha. Ich saß lange vor dem Buddha und dankte ihm von ganzem Herzen für die Blume. Im Tempelgarten trug die Magnolie bereits Blütenknospen. Die jungen buddhistischen Nonnen, *Biguni*, denen ich begegnete, waren reinen Herzens. Mit den kleinen Glöckchen, die an der Magnolie hingen, spielte ich. Ich machte daraus eine Musik der Stille. Zwei Zwillingshunde, die sehr koreanisch aussahen, bellten unbekümmert vor sich hin.

21. März 2017

Endlich bin ich wieder in Berlin. In Seoul, dieser höllischen Betonwüste, habe ich meinen winterblühenden Garten sehr vermisst. In Gedanken verweilte ich immer dort.

Es ist erstaunlich, dass das Haus, in das ich kürzlich zog, einen Innenhof hat, in dem ausgerechnet mehrere alte Sträucher von Duftschneeball stehen. Letztes Jahr hat er schon im Dezember geblüht. Herrlich ist sein Duft. Der Innenhof war ganz von ihm erfüllt. Dieses Jahr blühte er erst im März. Er blüht mir entgegen.

2. April 2017

Es blühen Schachbrettblumen, Pfirsiche, Zierpflaume und weiße Narzissen. Die Weidenkätzchen locken einen Bienenschwarm an. Dieses Jahr erlitten die Kamelien keinen Frostschaden. Die Winterheiden blühen munter weiter. Die Winterkirsche blüht prächtig. Kaukasischer Vergissmeinnicht leuchtet blau im Schatten.

Saxifragaceae

Saxifraga kabschia

Die Saxifraga *Kabschia* blüht im Verborgenen neben dem Lavendelstrauch, der auch im Winter grün blieb. Der Seidelbast blüht einsam neben der rosa strahlenden Zierpflaume. Dieses Jahr blühen die roten Christrosen. Letztes Jahr trugen sie keine Blüten. Offenbar haben sie geruht und Kraft gesammelt.

5. April 2017

Beim Spaziergang roch ich einen herrlichen Duft vor einem italienischen Restaurant. Im großen Blumentopf stand ein Strauch mit wunderbarem Duft. Ich kannte ihn nicht. Ein Gast, der neben dem Strauch stand, sagte mir, er heiße wohl Bierbaum. Der Wirt, der mir seinen Namen nicht zu sagen wusste, sagte mir, wohl aus Verlegenheit, der Baum heiße auf Italienisch Nastro Azzurro. Zu Hause suchte ich nach einem Baum namens Nastro Azzurro. Statt Bäumen erschien auf dem Bildschirm das italienische Bier *Nastro Azzurro.*

Lange habe ich versucht, den duftenden Baum zu identifizieren. Sein Blatt, das wie eine Kinderhand aussah, half mir bei der Identifizierung. Er ist eine Art Weißdorn. Für mich bleibt er *Nastro Azzurro.*

9. April 2017

Die Stern-Magnolie *Magnolia stellata* strahlt herrlich weiß. Die japanische Kerrie, der Ranunkelstrauch, leuchtet gelb. Die Schachbrettblumen verzaubern den schattigen Teil meines Gartens. Die Vorfrühlingsalpenrose blüht rosa. Die Rosen treiben aus. Ihre Laubblätter haben einen schönen Glanz. Dieses Jahr werden sie herrlich blühen. Die Rosen sind ja so blühwillig. Ich freue mich besonders auf die blaue Rose *Novalis.*

15. April 2017

Die Kirsche und der Mirabellenbaum blühen herrlich. Ihre Blüten ähneln sich. Sie erleuchten, ja erlösen die noch kalte Aprilnacht. Die Mirabellen schmeckten letztes Jahr sehr köstlich, erdig-edel-süß. Die Tulpen blühen jenseits des Gartenzauns. Sie haben eine Blütentreue, eine Blühkraft. Sie blühen zuverlässig und unermüdlich. Die Herbstzeitlosen haben kräftig-grüne Blätter, die aber schon im Sommer verwelken und abfallen, um im Herbst ihre herrliche Blüte hervorzubringen. Der Apfelbaum trägt rötliche Blütenknospen, die aber weiß aufgehen.

23. April 2017

Eiskalte Nacht. Trotz spätem Frost ist in meinem Garten, was einem Wunder gleicht, keine einzige Pflanze, keine einzige Blume erfroren. Ich habe sie gewärmt mit meiner Liebe. Liebe ist Wärme, ja Herzenswärme, die dem härtesten Frost zu trotzen vermag.

2. Mai 2017

Der Flieder blüht zum ersten Mal, violett. Er duftet dezent und vornehm. Auch der Apfelbaum blüht. Die Morgendämmerung beginnt schon eine halbe Stunde vor dem Sonnenaufgang. Der Schlachtensee, in dessen Nähe sich mein Garten befindet, schimmert am frühen Morgen rötlich-gräulich.

9. Mai 2017

Ich befinde mich mitten in der südkoreanischen Präsidentschaftswahl. Aus diesem Anlass habe ich einer Journalistin geschrieben:

Leider heißt der neue koreanische Präsident Moon Jae-in. 文在寅. 在 bedeutet »vorhanden«. 寅 bedeutet u. a. Tiger. Er kann sehr gut brüllen. Mein Wunschkandidat Ahn Cheol-soo kann nicht brüllen. Aber er kann nachdenken. Sein Name bedeutet ja: herrliches Licht. Ahn bedeutet außerdem

Frieden. Schon Adorno hat gesagt: »Wenn die Linien unseres Schicksals zum unentwirrbaren Netz sich verstricken, dann sind Namen je und je die Siegel, die der Lineatur aufgeprägt werden (...), indem sie uns Initialen vorhalten, die wir nicht verstehen, aber denen wir gehorchen.«

Moon wird Korea spalten. Moon-jae bedeutet auf Koreanisch auch »Problem«. Problem-Kind heißt auf Koreanisch Moon-jae-a 問題児*. Moon Jae-in wird die drängenden Probleme* 問題 *Koreas nicht lösen können. Er ist selbst ein Problem. Moon-jae* 問題*. Er wollte, so sagt man, eigentlich nicht Präsident werden. Er sei von seiner Partei dazu getrieben worden, da er ein Mitarbeiter des ehemaligen Präsidenten Roh Moo-hyun war. Diesen schätze ich sehr. Moon hat kein Format. Nach seinem Sieg machte er sich mit einer Geste über Ahn Cheol-soo lustig. Dieser wollte in den letzten Tagen vor der Wahl den Menschen nahe sein. Er ging mit einem Rucksack und Turnschuhen zu Fuß durch die Nation. Ich war davon sehr berührt. Ich wäre mitgelaufen mit ihm und hätte ihm geholfen mit meinen Worten. Nach seiner Niederlage habe ich über koreanische Journalisten Ahn Cheol-soo wissen lassen, dass ich bei der nächsten Präsidentschaftswahl an seiner Seite für ihn sprechen und brüllen würde. Er kann selbst nicht gut brüllen. Er wirkt sehr leise und friedfertig.*

Diese Präsidentschaftswahl war ein sehr komplexer Vorgang. Der Westen vereinfacht ihn, indem er ihn auf die Spannung zwischen Nordkorea und USA reduziert. Die deutschen Asienkorrespondenten sind nicht einmal der jeweiligen Landessprache mächtig. So lesen sie zum Beispiel die regierungstreue Yonhap News Agency *oder haben Dol-*

metscher, die aber nicht gut Deutsch sprechen. Die Berichte sind entsprechend armselig bis verfälschend. Sie berichten etwa: Moon würde die »Sonnenschein-Politik« von Kim Dae-jung fortsetzen. Aber gerade während dieser Sonnenschein-Politik hat Nordkorea die Arbeit an Atombomben und Raketen forciert. Wahrscheinlich mit den Geldern, die Kim nach Norden geschickt hat. Sein Friedensnobelpreis ist, so sagt man, in gewisser Hinsicht mit viel Geld erkauft worden. Das eigentliche Problem sind nicht die Kims von Nordkorea, sondern die USA.

Während der Präsidentschaftswahl sollen auf dem Garten der Eltern von Ahn Cheol-soo die Prunkwinden herrlich geblüht haben. Ahn sprach von der »guten Botschaft der Blumen«. Prunkwinden heißen auf Koreanisch 나팔꽃. *Sie verheißen Gutes. Ahn Cheol-soo war vielleicht auch der Wunschkandidat der Blumen. Ich liebe Prunkwinden, vor allem die blauen. Sie gehen in der Dämmerung auf und blühen bis in den Spätherbst.*

Blumengrüße aus meinem Garten, der gerade trotz der Kälte herrlich blüht.

Prunkwinden bedeuten nicht nur gute Nachricht, sondern auch verlorene Liebe und die Treue. Der Blume der Treue liegt eine Legende zugrunde. Ein berühmter Maler soll eine sehr schöne Frau gehabt haben. Ihr Ruhm drang auch zum Fürsten. Dieser entschloss sich, dem Maler die Frau zu rauben. Er bezichtigte ihn eines Verbrechens und steckte ihn ins Gefängnis. Vor Sehnsucht nach seiner Geliebten wurde der Maler verrückt.

Später schloss er sich in seinem Haus ein und malte ein Bild nach dem anderen, bis er eines Tages neben seinen Bildern starb. Seiner Geliebten erschien er im Traum. Als sie in Erwartung ihres Geliebten das Fenster öffnete, sah sie vor dem Haus eine Prunkwinde stehen.

14. Mai 2017

Heute habe ich mich wundgejätet. Ich habe mir eine herzförmige Schürfwunde auf der Innenseite der rechten Hand zugezogen. Sie tut sehr weh. Aber ich habe ja auch dem »Unkraut« weh getan. Ich habe es wundgejätet. Als Gärtner muss ich schließlich dafür sorgen, dass im Garten nichts wuchert. Ein paar Gänseblümchen finde ich schön. Ich werde sie nicht aus dem Garten entfernen. Ich habe aber eine Aversion gegen bestimmte Pflanzen, die sehr zerstörerisch und rücksichtslos sind. Sie verdrängen die vornehmen, aber eben schwachen Pflanzen. Besonders hasse ich eine Sorte Klee. Sie erscheint mir sogar im Traum oder in Tagträumen und quält mich. Sie ist unverwüstlich. Sie überwuchert alles. Sie wuchert wie Hautkrebs. Es genügt nicht, ihre oberirdischen Blätter zu entfernen. Man muss ihre Wurzeln herausreißen. Eine sehr mühsame Arbeit.

18. Mai 2017

Der Rhododendron blüht zum ersten Mal. Ich habe mich heute um kranke Rosen gekümmert. Die Blätter rollen sich ein. Schuld daran sind die Larven der Rosenblattwespe. Den schönen Baum *Cornus* habe ich gepflanzt. Ich war wieder bis zur Morgendämmerung im Garten. Die unzähligen Blüten des gelbleuchtenden Ginsters erhellen die Nacht und beglücken mich.

26. Mai 2017

Ein herrlicher Sommertag. Die Rosen beginnen zu blühen. Ich bin hinabgetaucht in dic beglückende Wärme des Lichts.

Warum haben die Rosen Dornen? Schöne Rosen berührt man ja schon aus Ehrfurcht nicht. Ich nähere mich ihnen sehr andächtig und beuge mich über sie voller Staunen und Respekt. Ich würde sie nicht anfassen wollen. Ihre Schönheit gebietet Distanz.

Von der Reise erschöpft …
Statt eine Bleibe zu suchen –
Da: die Glyzinien!

Matsuo Bashô

8. Juni 2017

Die Rosen blühen wie im Rausch. Einige Zweige hängen tief, gebeugt von schweren Blütenköpfen. Ein Klatschmohn blüht am Garteneingang. Dieses Jahr habe ich viele Mohnblumen im Garten. Besonders reizvoll ist der gefüllte schwarze Mohn, Papaver paeoniflorum. Die gelben Lilien blühen wieder zuverlässig. Sie sind sehr blühwillig. Das Geißblatt blüht violett. Seine Blüte besitzt eine verspielte Anmut.

12. Juni 2017

Die Funkien blühen. Sie beglücken und berauschen mich. Die Duft-Funkie hingegen blüht noch nicht. So schön sind die unterschiedlichen Funkienblätter. Sie sind eigentlich schöner als die sehr bescheidenen Blüten.

14. Juni 2017

Ich habe die tote Weide aus dem Garten entfernt. Fast inbrünstig habe ich wieder das böse Nagetier verflucht, das den schönsten Baum, meine Geliebte, umgebracht hat. Es war ein brutaler Mord.

Papaveraceae

Papaver paeoniflorum

17. Juni 2017

Ein frischer Sommertag. Ich mag keine Hitze. Die Astilben leuchten. Die Blüte des Johanniskrautes strahlt gelb. Die Blumenbeete wurden vom Unkraut gesäubert. So gewinnen sie an Form.

19. Juni 2017

Der sommernächtliche Wannsee glänzt tiefblau. Der violette Rittersporn ragt und überragt sogar die Rosen. Die Nacht ist im Moment sehr kurz. Und sie wird nie ganz dunkel. Immer ist ein Lichtschimmer irgendwo am weiten Horizont zu sehen. Schön ist diese helle Nacht. Ich habe die Kirschen geerntet. Sie schmecken sonnig. Die dunkelroten Erdbeeren schmecken köstlich – im Gegensatz zu den Erdbeeren, die man in den Läden bekommt.

Beglückend ist der nächtliche Blütenrausch. Heute, mitten im Sommer, nahm ich ein heißes Bad mit wohlduftender Wasserlilie. Die Samthortensie trägt zum ersten Mal Blütenknospen. Zwei Jahre lang war sie krank. Ich habe mich liebevoll um sie gekümmert. Sie erwidert nun meine Liebe.

21. Juni 2017

Heute habe ich zum ersten Mal Olivenbäume blühen sehen, nicht in Italien, sondern in Berlin in meiner Nachbarschaft bei einem Italiener. Sie blühen in Schöneberg, ja auf dem Schöneberg. Vor dem Restaurant stehen sie in Töpfen. Den kalten, rauen Berliner Winter würden sie draußen nicht überleben. Die Olivenblüten sind sehr klein. Sie ähneln den fertilen Blüten der Hortensie und bilden wie diese eine Dolde. Die Pasta mit Pilzen war köstlich. Die hellgrünen italienischen Oliven im Salat auch.

25. Juni 2017

Heute habe ich den Mirabellenbaum in ein Netz gekleidet. Ich wollte die köstlichen Mirabellen vor Vögeln schützen. Vor zwei Jahren haben sie die Trauben restlos weggefressen, die ich eigentlich beim langsamen Reifen beobachten wollte. Sie waren so gefräßig oder gierig auf die Beeren. Aber dieses Jahr blieben alle Beeren seltsam unberührt. Die Vögel kamen nicht. Das macht mich wiederum sehr traurig und unruhig. Kommt doch, meine Vögel, ihr habt hier köstliche Beeren! Dieses Jahr erschienen auch nur wenige Bienen. Ich hoffe sehr, dass der Schmetterlingsflieder bald blüht und wieder schöne Schmetterlinge anlockt. Er ist dieses Jahr meterhoch. Die Taglilien gedeihen prächtig. Ihre gelben und roten Blumen *leuchten*. Ja, *leuchten* ist das Verb für blühende

Taglilien. Rosen leuchten nicht. Sie verlangen ein anderes Verb. Sie strahlen auch nicht. Strahlend sind Anemonen oder Strohblumen. Und die Rosen? Sie glänzen auch nicht, denn sie halten ein wenig inne. Rosen sind zurückhaltend. Darin besteht ihre Pracht. *Rosen rosen. Rosen* ist ihr Verb.

Rilke liebte Rosen und Engel. Mein Garten hat viele Rosen. Sie lassen meine Augen zärtlich los. Und am Garteneingang stehen zwei Engelstatuen. Sie schützen meinen Rosengarten. Rilke hat viel über Rosen gedichtet:

Rose, oh reiner Widerspruch,
Lust, niemandes Schlaf zu sein
unter soviel Lidern.

Nacht aus Rosen, Nacht aus vielen vielen
hellen Rosen, helle Nacht aus Rosen,
Schlaf der tausend Rosenaugenlider:
heller Rosen-Schlaf, ich bin dein Schläfer.
Heller Schläfer deiner Düfte; tiefer
Schläfer deiner kühlen Innigkeiten.

Und dann wie dies: dass ein Gefühl entsteht,
weil Blütenblätter Blütenblätter rühren?
Und dies: dass eins sich aufschlägt wie ein Lid,
und drunter liegen lauter Augenlider,
geschlossene, als ob sie, zehnfach schlafend,
zu dämpfen hätten eines Innern Sehkraft.

Ich liebe im Moment diese Rosenzeilen, weil ich nicht gut schlafen kann und mich nach einem tiefen, aber hellen Schlaf sehne, nach einem *Rosenschlaf*. Ich würde gerne mich wegschlafen zu Niemand, zu Namenlosem. Das wäre eine Erlösung. Heute sind wir nur noch mit dem Ego beschäftigt. Jeder will jemand sein, laut, jeder will authentisch sein, anders sein als andere. So gleichen sie einander. Ich vermisse Namenlose.

Heidegger schreibt im berühmten Humanismus-Brief:

Soll aber der Mensch noch einmal in die Nähe des Seins finden, dann muss er zuvor lernen, im Namenlosen zu existieren. Er muss in gleicher Weise sowohl die Verführung durch die Öffentlichkeit als auch die Ohnmacht des Privaten erkennen. Der Mensch muss, bevor er spricht, erst vom Sein sich wieder ansprechen lassen, auf die Gefahr, dass er unter diesem Anspruch wenig oder selten etwas zu sagen hat.

Wir haben heute zu viel zu sagen, viel zu kommunizieren, weil wir *jemand* sind. Wir haben sowohl die Stille als auch Schweigen verlernt. Mein Garten ist ein Ort der Stille. Im Garten *mache ich Stille*. Ich *lausche* wie Hyperion.

Mein ganzes Wesen verstummt und lauscht, wenn die zarte Welle der Luft mir um die Brust spielt. Verloren ins weite Blau, blick ich oft hinaus an den Aether und hinein ins heilige Meer, und mir ist, als öffnet ein verwandter Geist mir die Arme, als löste der Schmerz der Einsamkeit sich auf ins Leben der Gottheit. Eines zu sein mit Allem, das ist Leben der Gottheit, das ist der Himmel des Menschen.

Die Digitalisierung erhöht den Kommunikationslärm. Sie beseitigt nicht nur Stille, sondern auch das Haptische, das Materielle, Düfte, duftende Farben, vor allem die *Schwere der Erde*. Human geht auf *humus*, Erde zurück. Die Erde ist unser Resonanzraum, der uns beglückt. Wenn wir die Erde verlassen, verlässt uns das Glück.

Das Analoge hat einen engen Bezug zum Haptischen. Es ist fassbar und sichtbar. In dem Film von Vermeer *Das Mädchen mit dem Perlenohrring* gibt es schöne Szenen übers Farbmischen. Der Hauptdarsteller schwärmt über die Schönheit der Materie. Es ist herrlich anzusehen, wie Farben hergestellt und verkauft werden wie in einem exotischen Gewürzladen. Göttlich ist das blaue Kristall, aus dem das Vermeer-Blau hergestellt wird, Ultramarin. Die Farben, die Vermeer benutzte, kann man nicht künstlich herstellen. Farben wurden aus Steinen gewonnen. Sie werden gemahlen wie Gewürze. Sie sehen auch essbar aus wie Gewürze. Pulver und Pasten werden zusammengemischt. Geheimnisvoll ist auch die Konsistenz der Materie. Weinätze heißt ein Pigment aus Trauben. Auch aus Käferkot wird ein Farbstoff gewonnen. Eine Farbe sieht wie Olivenöl aus, wird aber aus Stierurin hergestellt. Farben duften.

Die Digitalisierung schafft letzten Endes die Wirklichkeit selbst ab. Oder die Wirklichkeit wird entwirklicht zu einem Fenster innerhalb des Digitalen. Bald wird unser Blickfeld einem dreidimensionalen Display gleichen. Wir entfernen uns immer mehr von der Wirklichkeit. Mein Garten ist für mich die *wiedergewonnene Wirklichkeit.*

30. Juni 2017

In Berlin fiel gestern ein Jahrhundertregen. Berlin verwandelte sich in eine Seelandschaft. Nach dem starken Regen ging ich in den Garten. Ich machte mir sehr viel Sorgen um meine Geliebten. Grau war noch der Himmel. Der Wannsee glänzte gräulich. Offenbar hatte der Regen meinen Pflanzen nichts angetan. Er hat ihnen wohlgetan. Alle gedeihen und blühen prächtig. Die Hortensien sind atemberaubend schön, vor allem die Rispenhortensie *Vanille Fraise.* Der Garten berauschte mich heute mit seiner üppigen Schönheit. Er ist ein Luxus. Nur die Rosen ließen ihre Köpfe hängen. Alle anderen Pflanzen grünten und blühten prächtig. Die Blüten der Funkien sind prall. Im Regen sehen sie so erquickt, belebt und glücklich aus. Sie lieben den Regen offenbar.

1. Juli 2017

Die Rispenhortensie mit ihren fertilen Blüten ist bezaubernd schön. Die Samthortensie blüht zum ersten Mal. Zwei Jahre lang war sie krank. Ich habe dieses Jahr die Erde um sie herum ganz ausgetauscht und sie gedüngt. Jetzt hat sie wohl die Kraft zu blühen.

Ich liebe Schattengewächse. Ich liebe aber auch Rosen. Im Gegensatz zu mir lieben sie die Sonne. Sonnig ist wohl nicht mein Wesen. Ich verweile gerne im Schatten, im hellen Schatten, im schattigen Licht. Die Funkien haben etwas Geheimnisvolles, etwas unergründlich Tiefes. Am liebsten identifiziere ich mich mit Funkien und Hortensien.

10. Juli 2017

Der helle Halbmond lugt
aus der alten Pinie hervor –
Die Kapern blühen still vor sich hin.

Ich habe meinen geliebten Garten am Wannsee für zwei Wochen verlassen, um wieder in mediterraner Landschaft zu sein. *Mediterran* bedeutet wörtlich *inmitten der Erde.* Hier bin ich also der Erde besonders nahe. Die *Nähe zur Erde* ist beglückend. Das digitale Medium aber macht die Erde, diese wunderbare Schöpfung Gottes, zunichte. Ich liebe die terrane Ordnung. Ich werde sie nicht verlassen. Ich empfinde ein Gefühl tiefer

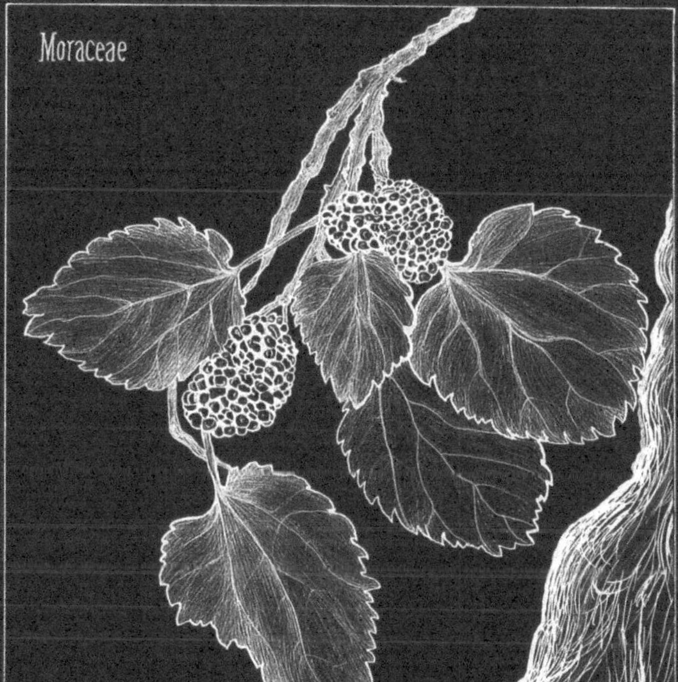
Moraceae
Morus rubra

Treue, tiefer Verbundenheit gegenüber diesem wertvollen Geschenk Gottes. Religion bedeutet, so denke ich, nichts anderes als diese tiefe Verbundenheit, die mich aber frei macht. Frei sein heißt nicht herumschwirren oder unverbindlich sein. Freiheit bedeutet für mich im Moment das *Verweilen im Garten.*

Am Garteneingang steht ein uralter Baum. Ich staunte sehr, als ich sah, dass es sich um eine Brombeere handelt. Mir waren die Brombeeren bisher nur als Strauch bekannt. Daher ist dieser wohl ein paar hundert Jahre alte Brombeerbaum *fremdschön.* Er beglückt mich sehr. Schon sein Anblick wirkt heilend, lösend und erlösend zugleich. Ich denke, er wuchs im Garten Eden neben Myrten, Lorbeeren und Zimtbäumen. Ich befinde mich also mitten in *Hyperions* Landschaft.

Nun sitze ich den ganzen Tag und die ganze Nacht bis hin zur Morgendämmerung neben dem Brombeerbaum. Neben diesem (ich wohne auf einem Abhang am Vesuv) befindet sich ein uralter Olivenbaum. Die Hütte ist aber von den Hecken aus Bougainvillea umzäunt. Ihre Blüten ähneln sehr denen der Hortensie. Die leuchtend violetten Blätter, die man gewöhnlich für die Blüten der Bougainvillea hält, sind in Wirklichkeit Laubblätter. Diese farbig leuchtenden Scheinblüten heißen Hochblätter. Sie umhüllen zwei oder drei sehr kleine weiße fertile Blüten. Im Gegensatz zur Hortensie liebt die Bougainvillea die Sonne. Sie giert fast nach ihr. Die Bougainvillea ist wohl reizend schön, aber nicht geheimnisvoll. Ihr fehlt die verborgene Tiefe. Ich liebe ja Schattengewächse wie Hortensien oder Funkien. Ich denke, dass meine Duft-Funkie nun blüht während meiner Abwesenheit.

Beim herrlichen Anblick des Vesuvs und des Golfs von Neapel trinke ich fast den ganzen Tag den Rotwein aus der Region Kampanien *Lacryma Christi*, also die *Tränen Christi*. Er ist der Wein des Vesuvs. Langsam begreife ich den Schmerz Christi. Aber auch den Wein *Angelico* aus Kampanien liebe ich. Er hat einen engelhaften Geschmack. Die Weinberge liegen hier an den Abhängen des Vulkans. Früher haben die Mönche der dort erbauten Klöster den Wein gekeltert. Er hat eine Tiefe, die man als *heilig* bezeichnen würde. Neben meiner Hütte liegen einige Weinberge.

WER, wenn ich schriee, hörte mich denn aus der Engel
Ordnungen? und gesetzt selbst, es nähme
einer mich plötzlich ans Herz: ich verginge von seinem
stärkeren Dasein. Denn das Schöne ist nichts
als des Schrecklichen Anfang, den wir noch grade ertragen,
und wir bewundern es so, weil es gelassen verschmäht,
uns zu zerstören. Ein jeder Engel ist schrecklich.

Rainer Maria Rilke, *Duineser Elegien*

Die gottlosen Neapolitaner, die den Heiligen Berg als Mülldeponie betrachten und ihn anzünden, würde Gott hart bestrafen und sie wie in Pompeji mit schwarzer Asche ersticken. Die göttliche Strafe ist wohl grausam, aber sie ist heilend. Der Vesuv wird wieder *walten*. Seine

Capparaceae

Capparis spinosa

Gewalt ist eine andere als die der Menschen. Sie ist *reinigend.* Ich verstehe den Schmerz von Hyperion unter den gottlos gewordenen Griechen. Vor dem Altar habe ich das Gedicht von D'Annunzio *Ho pergato a lungo*, diesen göttlichen Gesang der Erde, rezitiert.

Es ist berauschend und beglückend zugleich, der Morgendämmerung, dem wieder erwachenden Licht am Meer, zuzuschauen. Der Vesuv erwacht. Er ist immer noch in den Rauch gehüllt. Er brennt.

Der schmale Weg, der zu meiner Hütte am Meer führt, ist von Kapernsträuchern umsäumt. Gleichsam quellen sie aus der Mauer hervor. Kapernblüten sind zauberhaft schön. Sie *strahlen* förmlich. Auch die Mimose hat eine ähnliche Blüte. Sie ist schüchtern, strahlt aus dem Verborgenen.

Kapernäpfel sind eine meiner Lieblingsspeisen. Ich werde sie bald ernten und nach Berlin mitnehmen. Sie müssen mehrere Monate in Weinessig reifen.

Beim Anblick des Vesuvs spielte ich tagtäglich Bachs *Goldberg-Variationen.* In meine Hütte am Meer habe ich ein Klavier stellen lassen. *Horugel* heißt die Marke. Die Italiener sprechen aber den Konsonanten *h* nicht aus. Der Klavierverleiher von Neapel sagte am Telefon, das Klavier sei eine Orgel. Ich erwiderte, ich bräuchte ein Klavier und keine Orgel. Das Klavier klingt passabel. Ihm fehlen aber Tiefe und Innerlichkeit. Ich spiele tagtäglich Bach in meinem Garten am Meer.

Die mediterrane Landschaft ist intim. Sie berührt mich in meinem Innersten. Der Flügelschlag eines schwarzen Vogels durchdringt mich. Er berührt mich tief. Alles ist hier sehr nahe, sehr intim. Intimus ist der Superlativ von inter. Ich bin inmitten der Landschaft.

12. Juli 2017

Zum ersten Mal hielt ich einen Vortrag in Italien. Zunächst rezitierte ich auf Italienisch aus dem Gedicht von Gabriele D'Annunzio *La pioggia nel pineto (Der Regen im Pinienhain)*:

Taci. Su le soglie
del bosco non odo
parole che dici
umane; ma odo
parole più nuove
che parlano gocciole e foglie
lontane.
Ascolta. Piove
dalle nuvole sparse.
Piove su le tamerici
salmastre ed arse,
piove su i pini
scagliosi ed irti,
piove su i mirti
divini,
su le ginestre fulgenti
di fiori accolti,
su i ginepri folti
di coccole aulenti,

piove su i nostri volti
silvani,
piove su le nostre mani
ignude,
su i nostri vestimenti
leggieri,
su i freschi pensieri
che l'anima schiude
novella,
su la favola bella
che ieri
t'illuse, che oggi m'illude,
o Ermione.

Schweige. Auf der Schwelle
des Waldes höre ich
die menschlichen Worte nicht,
die du sagst. Aber ich höre
neue Worte;
die von weit entfernten Tropfen und Blättern
erzählen.
Höre. Es regnet
aus zerrissenen Wolken.
Es regnet
auf salzige, trockene
Tamarisken,
Es regnet
auf die schuppigen und stacheligen Pinien;
Es regnet
auf die göttliche Myrte,

auf die unzähligen Blüten des leuchtenden Ginsters,
auf Wacholder voller duftender Beeren,
Es regnet
auf unsere waldesgleichen Gesichter,
Es regnet
auf unsere bloßen Hände,
auf unser leichtes Gewand,
auf die reinen Gedanken,
die den neuen Geist erwachen lassen,
auf das schöne Märchen,
das gestern dich verzauberte, das heute mich verzaubert.
Oh Ermione.

Odi? La pioggia cade
su la solitaria
verdura
con un crepitío che dura
e varia nell'aria
secondo le fronde
più rade, men rade.
Ascolta. Risponde
al pianto il canto
delle cicale
che il pianto australe
non impaura,
nè il ciel cinerino.
E il pino
ha un suono, e il mirto

altro suono, e il ginepro
altro ancóra, stromenti
diversi
sotto innumerevoli dita.
E immersi
noi siam nello spirto
silvestre,
d'arborea vita viventi;
e il tuo volto ebro
è molle di pioggia
come una foglia,
e le tue chiome
auliscono come
le chiare ginestre,
o creatura terrestre
che hai nome
Ermione.

Hörst du? Der Regen fällt,
auf das verlassene Grün,
Mit einem endlosen, wechselnden Plätschern
in der Luft,
je nachdem ob das Laub dichter ist
oder weniger dicht.
Höre. Es antwortet
auf den Regen der Gesang
der Zikaden,
die sich weder durch südliches Rauschen
noch durch den grauen Himmel
abschrecken lassen.

Und die Pinie
erklingt und die Myrte
erklingt anders und der Wacholder
wieder anders, verschiedene Instrumente
unter unzähligen Fingerschlägen.
Und verschlungen
sind wir im Waldgeist,
eines Baumes gleich lebend;
Und dein nasses Gesicht
gleicht einem von Regentropfen
bespickten Blatt,
und deine Haare
verbreiten den Duft
leuchtendes Ginsters,
ich du Nymphe des Waldes,
die du den Namen Ermione trägst.

Das Gedicht sollte ursprünglich vom Hauptdarsteller meines Spielfilms *Der Mann, der einbricht* rezitiert werden. Ihm gelang jedoch die Rezitation nicht. Heute habe ich das Gedicht von D'Annunzio auf Italienisch *gesungen.* Das Gedicht ist ja ein *Gesang der Erde.* Es muss *gesungen* werden.

Nyctaginaceae

Bougainvillea

17. Juli 2017

Heute war ich im Kloster Santa Chiara. Im stillen Kreuzgang mit handbemalten Majoliken stand ein alter Orangenbaum. Ich las eine Orange vom Boden auf. Herrlich ist ihr Duft. Ich möchte sie nach Berlin mitnehmen und mich erinnern an die Erde von Neapel. Aber Abgase der gottlosen Menschen verpesten die duftende Erde.

Im Dom segnete mich ein Franziskaner. Er heißt Giuseppe. Wir haben uns umarmt. Mein Taufname ist Alberto. Viele heißen in Italien Alberto. Ein Taxifahrer in Neapel hieß Alberto. Er sagte mir, der 7. August sei mein Namenstag. Ich sollte ihn nicht vergessen. In Korea wurde ich in der Kirche Alberto genannt. Die katholische Kirche lag unmittelbar neben meinem Haus. Ich bin in den Glauben hineingeboren, ja *hineingeborgen.* Täglich betete ich den Rosenkranz. Die Nonne, die den Altar mit Blumen schmückte, schenkte mir und meiner Schwester, die wir tagsüber auf der Treppe vor dem Haus hockten, immer wieder eine Blume. So nannten wir sie Blumenschwester. Sie war schön und *gut.*

Im Dom an der Piazza Santa Chiara war ich ganz vom Heiligen Geist erfüllt, der am Altar hell leuchtete. Die Menschen hier sind aber lichtscheu oder lichtblind. Die Touristen schießen Selfies vor dem Altar, vor dem Heiligen Geist, der einen eigentlich ganz selbstlos macht. Geist ist Liebe und Versöhnung. Ich versuchte, diese rücksichtslosen Touristen zu vertreiben. Manche protestierten heftig gegen meinen Zorn. Ich verstehe

Jesus, der auf dem Tempelberg die Händler vertrieb. Das Geld zerstört den Geist. Die Erde ist kostbar und unbezahlbar. Aber Menschen zerstören sie wegen Geld. Was für eine Schandtat!

20. Juli 2017

Es ist schön, in der Morgendämmerung im Garten herumzuwandern und die Pflanzen zu betrachten. Ich staune immer wieder über ihre Erhabenheit.

Efeu mochte ich nie. Er wuchert ja über Gräbern und Mauern. Ich liebe zwar Schattengewächse, aber eben nur hellleuchtende. Astilben etwa leuchten rosa. Dem Efeu fehlt, so dachte ich bisher, die Leuchtkraft. Im Garten am Meer erscheint er in einem ganz anderen Licht aufgrund seiner leuchtend weißen Blüte. Ich dachte zunächst, dass der Efeu nur dunkelgrüne Blätter hat und nicht blüht. Heute habe ich einen blühenden Efeu gesehen und bewunderte seine Schönheit. Sie leuchtet. Seine ungeöffneten Blütenknospen haben einen Flaum mit seidenem Glanz. Ich habe mich in sie verliebt. Ich liebe seinen verborgenen Glanz.

In der Antike war der Efeu ein Symbol für den Rausch. Ich erinnere mich daran, dass der Efeu in Platons Dialog *Das Gastmahl* mit dem Rausch in Verbindung gebracht wird:

Alkibiades erscheint – betrunken, mit Efeu und Veilchen bekränzt (den Insignien des Dionysos), mit Bändern im

Haar geschmückt, begleitet von Nachtschwärmern und der Flötenspielerin, die zu Anfang des Symposions weggeschickt wurde.

Der Efeu ist unverwüstlich. Er ist aber auch ein Symbol für Liebe und Treue. Tristan und Isolde wurden nach ihrem Liebestod getrennt begraben. Aus ihren Gräbern aber sollen Efeuranken gewachsen sein und beide wieder in Liebe vereinigt haben. Der Efeu hat einen besonderen Lebensrhythmus, der ihn für mich sympathisch macht. Er blüht erst nach vielen Jahren bis in den Winter hinein. Seine Blüte lockt Bienen und Schmetterlinge an. Der schöne *Admiral* mit seiner schwarz-roten Pracht liebt sie besonders.

21. Juli 2017

Die Kapernäpfel erröten plötzlich und springen auf, als hätten sie einen Rausch. Schwarz sind die Samen darin. Ich habe einige rote Kapernäpfel gepflückt und die Samen aus dem sehr glitschigen Schleim gelöst. Hoffentlich keimen sie und sprießen an der Mauer hervor, vielleicht nur einen Sommer lang. Sie werden den Berliner Winter wohl nicht überleben.

Weit weg von meinem Garten möchte ich einige Pflanzen nennen, die noch nicht erwähnt worden sind: Gepflanzt habe ich etwa einen koreanischen Duftschneeball mit rosaroten Blütenknospen *Viburnum carlesii.* Unweit von ihm steht die japanische Schirmtanne *Scia-*

dopitys verticillata. Dieses Jahr hat sie nach einem langen Stillstand merklich an Umfang zugenommen. Hellgrün sind ihre neuen Triebe. Schön ist auch der weiße Eisenhut *Aconitum napellus.* Eine unscheinbare Schönheit hat der Fingerstrauch *Potentilla fruticosa.* In der sonnigen Ecke zwischen den Steinen gedeihen die Saxifragen. Sie lieben Steine. Saxifraga heißt wörtlich Steinbrech. Die Chinesische Schönfrucht *Callicarpa bodinieri* trägt wirklich schöne Früchte, die wie violette Perlen glänzen. Auf dem Staudenmarkt im Botanischen Garten kaufte ich das koreanische Basilikum *Houttuynia cordata.* Es hat einen eigenartigen fleischigen Duft. Eigentlich heißt es Molchschwanz oder Eidechsenschwanz.

Am Gartenrand steht die Vorfrühlingsalpenrose, die, wie der Name besagt, sehr früh blüht. Im Schatten blüht der Hundszahn *Erythronium dens-canis.* Er gehört zu den Liliengewächsen. Sehr anmutig ist die Segge *Carex baldensis,* die ich neben dem Trog aus Kalkstein gepflanzt habe. Einmal habe ich im Steintrog zwei japanische Goldfische gehabt, die ich kurz vor dem Winter in den Wannsee entlassen musste. Im schattigen Teil des Gartens leuchtet Tränendes Herz *Dicentra spectabilis.* In meinem Garten habe ich viele Kräuter: Waldmeister, Thymian, Koriander, Minze, Basilikum und Petersilie. Unverwüstlich ist der Lavendel. Er blüht in den Spätherbst hinein. Im Winter reibe ich seine Blätter zwischen den Fingern und rieche daran. Sein Duft ist sehr beruhigend. Ich mag auch den Duft von Olivenkraut *Santolina viridis.*

Sauruaceae

Houttuynia cordata

23. Juli 2017

Der Vesuv brennt zum Glück nicht mehr. Er zeigt wieder seine klaren Konturen. Täglich schwimme ich in Richtung Vesuv. Es ist beglückend, dem Meer und den hohen schwarzen Bergen am Horizont zuzuschauen. Ich bedecke meine Füße mit dem warmen Sand und reibe die kleinen Muschelschalen darin zwischen den Fingern. Die Eidechsen huschen über die Mauer. Sie lieben offenbar die Erde und ihre Wärme.

Heute schwamm ich einer Möwe mit gelbem Schnabel hinterher. Sie saß ruhig auf dem Wasser. Als ich sie berühren wollte, flog sie davon. Die Möwe ist ein sehr anmutiger Vogel.

25. Juli 2017

Ich bin wieder in Berlin. In meinem neapolitanischen Garten am Meer habe ich eine göttliche Wärme verspürt. Der alte Maulbeerbaum, den ich zunächst für eine Brombeere hielt, war ein Segen, der mich tief beglückte. Der Aufenthalt am Meer war schön und *stillend.* Nur der penetrante Gestank des Menschlichen, ja des Allzumenschlichen, der über Neapel lag, störte die duftende Stille in der Natur.

Die Kapernäpfel, die ich geerntet habe, werde ich bald einmachen. Die Knospen, die eigentlichen Kapern, schmecken allerdings feiner als die Kapernäpfel. Beide haben aber den gleichen Duft.

Beim Rückflug hatte ich das Gefühl, ich flöge über eine ewige Eiswüste. Vereinzelt hervorquellende Wolken sahen wie Eisberge aus. Der Rückflug nach Berlin war also eine Winterreise besonderer Art.

Kurz vor Mitternacht eilte ich zu meinem Garten am Wannsee, wie zu einer geliebten Tochter, die ich zwei Wochen lang allein gelassen hatte. Ich konnte nicht bis zum nächsten Morgen warten. Ich empfand ein Gefühl von Verpflichtung und Liebe zu meinem Garten.

Noch nie habe ich solche Regengüsse in Berlin erlebt. Es regnete in Strömen wie ein Wasserfall. Nach zwei regenlosen Wochen tat mir der Regen gut. Ich dachte, für D'Annunzio müsste der seltene Regen einen besonderen, ja göttlichen Wert gehabt haben wie *Lacryma Christi.* Regen kann also ein Segen sein:

Wälder lagern
Bäche stürzen
Felsen dauern
Regen rinnt.

Fluren warten
Brunnen quellen
Winde wohnen
Segen sinnt.

Winde wohnen? Das stimmt eigentlich nicht. *Winde wandern.* Heidegger, sein *Herz* war aber eher bodenständig. Er liebt den Stand und nicht das Wandern. Er ist ein griechisch-deutscher Denker. Zhuangzi hingegen liebt das Wandern. Sein *Gesang der Erde* würde lauten:

Wälder ruhen
Bäche fließen
Felsen ragen
Regen fällt.

Fluren weilen
Brunnen eilen
Winde wandern
Segen erdet.

Im strömenden Regen habe ich meine Blumen betrachtet. Die Taschenlampe, die ich gerne als Scheinwerfer für die Kamera missbrauche, ließ sie noch schöner erscheinen.

Der Anblick der üppig blühenden Hortensien berauscht mich. Sie lieben den Regen. Die Knospen der Samthortensie haben zunächst eine knollige Form. Dann gehen sie in herrlicher Pracht auf. Sie explodieren regelrecht, wie ein Feuerwerk in Zeitlupe. Ihre Schönheit ist unbeschreiblich.

Im Regen habe ich Rosen geschnitten. Rosen mögen den Regen nicht. Ich wünsche ihnen viel Sonne. Mirabellen, Äpfel und Trauben reifen langsam. Die Johannisbeeren schmecken bereits köstlich. Unter dem Mirabellenbaum wachsen wegen fortgesetzter Nässe einige große Pilze. Sie mögen giftig sein, aber sie duften erdig. Der Duft ist wohltuend. Ich hätte sie gerne verspeist. Die Duft-Funkie blüht noch nicht. Sie ist wohl ein Spätling, der dafür auch an der Schwelle zum Winter blüht. Die violetten Blüten der Glockenblumen posaunen gleichsam hell in die Nacht. Der Lavendel durchduftet den regnerischen Tag. Auch der Schmetterlingsflieder leidet im Moment unter dem Regen. Dieses Jahr suchten ihn nur wenige Schmetterlinge auf.

Heute war ich zu sehr mit der unschönen Welt beschäftigt, so dass ich die Mondfinsternis verpasste. Wie dumm!

11. August 2017

Die Äpfel sind viel größer geworden. Die Mirabellen reifen langsam. Schön anzusehen ist ihr goldschimmernder Glanz. Sie schmecken sauer. Der Schmetterlingsflieder blüht noch. Ein Zitronenfalter und ein Pfauenauge sitzen bewegungslos auf hellvioletten Blütendolden.

Am Ohr brummte plötzlich eine große graue Libelle. Letztes Jahr war sie auch da. Sie ist vielleicht ein gutes Zeichen. Als Kind habe ich mit dem Kescher Libellen gefangen, sie aber wieder freigelassen. Ich verstand die Gewalt meiner Mittäter nicht, die sie verstümmelten. Ich angelte auch sehr gerne. Die gefangenen Fische habe ich ebenfalls wieder freigelassen. Das Angeln war ja nur eine Meditation. Die Arbeit im Garten ist eigentlich keine Arbeit, sondern eine Meditation, ein Verweilen in der Stille.

Die Duft-Funkie blüht. Seltsamerweise duftet sie

Liliaceae

Tricyrtis japonica

dieses Jahr nicht. War es zu feucht? Sie ist eigentlich ein duftender Spätling. Die Schafgarbe ist schön anzusehen. Sie ähnelt der Hortensie. Ich habe sie nicht gepflanzt. Als »Unkraut« besuchte sie meinen Garten und beglückte mich. Es gab auch andere »Unkräuter«, die ich aber gerne im Garten belassen habe, da sie schön sind. Sie wuchern ja auch nicht. Auch sie sind *Solitäre.*

15. August 2017

Es gibt seltsam oder wunderlich aussehende Blumen. Im Innenhof meiner Berliner Wohnung steht ein Strauch mit wundersamer Blüte. Sie sieht wie eine rote chinesische Laterne aus. Zunächst dachte ich, der Strauch sei ein *Tränendes Herz.* Aber er ist es nicht. Er sieht aus wie ein exotischer Lampenschirm mit vier kleinen herabhängenden Klöppeln als Schmuck. Im Garten habe ich eine Lampionblume. Neben den Kosmeen strahlt sie rot in den Herbst.

21. August 2017

Die Duft-Funkie blüht. Ich liebe diese spätblühende Funkie. Das *Späte* duftet. Krötenlilien beginnen zu blühen. Sie sind auch spätblühend. Die Herbstanemonen strahlen weiß und rosa. Der Mönchspfeffer strahlt still in den Herbst. Das koreanische Basilikum hat eine sehr eigentümliche Blüte. Sie hat einen weißen, kolbenförmigen *Stempel* mit vier weißen Hochblättern. Kräuter haben oft schöne Blüten. Nächstes Jahr werde ich die Koreanische Minze säen. Im Gegensatz zu den hiesigen Sorten soll sie nicht wuchern. Ich liebe wuchernde Pflanzen nicht.

25. August 2017

Heute ist ein feuchter, kalter Herbsttag. Es *herbstet* schon. Die Mirabellen sind dunkelgelb und schmecken köstlich. Dieses Jahr gibt es viele davon. Dem Apfelbaum hingegen geht es offenbar nicht gut. Nur wenige Äpfel sind zu sehen. Dieses Jahr schmecken sie sauer und herb. Dem Baum fehlte offenbar die Sonne. Die japanische Schirmtanne ist dieses Jahr viel größer geworden und glänzt hellgrün.

Die Welt scheint im Moment in sintflutartigem Regen zu versinken, nach verheerenden Waldbränden. Menschen verschandeln die Erde. Nun bekommen sie die Strafe für ihre Rücksichtslosigkeit und Unvernunft. Not tut heute mehr denn je ein *Lob der Erde.* Wir müssen die Erde schonen. Sonst gehen wir an unserer Zerstörung zugrunde.

Wo aber Gefahr ist,
Wächst das Rettende auch.

Friedrich Hölderlin

29. August 2017

Heute ist es sonnig, aber schon sehr herbstlich. Die Rosen sind noch blühwillig. Sie blühen unerschrocken weiter. Ich habe sie wieder geschnitten. Die Hortensien tragen ihre letzten Blüten. Sie haben viel an Farb- und Leuchtkraft verloren. Langsam verblassen ihre bunten Scheinblüten. Besonders schön anzusehen ist heuer die spätblühende rosageränderte weiße Hortensie. Halb verborgen blüht sie zwischen den Funkien.

Die getrockneten Blütendolden der Hortensien sehen besonders im Winter schön aus. Sie sind die schönsten Winterblumen, die mich durch den Winter hindurch beglücken. Ich schätze ihre morbide Schönheit. Wenn sie im Frühjahr neben den sattgrünen Trieben stehen, sehen sie besonders reizend aus.

Unter den duftenden Blumen hat die spätblühende Duft-Funkie den schönsten Duft. So elegant, so grazil, zurückhaltend, vornehm und fein duftet keine andere Blume in meinem Garten. Ich würde gerne wie sie duften wollen.

3. September 2017

Obwohl vereinzelt noch die Schwarzäugige Susanne blüht, sind die Tage jetzt schon sehr kühl. Der Mönchspfeffer blüht würdig weiter. Er erleuchtet den Herbst. Am schönsten blühen im Moment der hochgewachsene weiße Hibiskus und die japanischen

Herbstanemonen. Ich würde sie die Immer Strahlende *Coruscis perennis* nennen. Der Hibiskus besitzt viel Anmut und Reinheit. Wie viele schöne Blumen kommt auch er aus Asien. Mein geheimer Garten ist also ein *Fernöstlicher Garten.* Die Chinesische Winterblüte *Chimonanthus praecox*, die schon seit drei Jahren in meinem Garten steht, hält sich immer noch mit Blühen zurück. Sie soll einen betörenden Duft haben. Ich hoffe, dass sie nächstes Jahr blüht. Das *Hoffen* ist der Zeitmodus des Gärtners. So gilt mein Lob der Erde der *kommenden Erde.*

20. November 2017

Es ist heute eisig kalt. Es regnet und hagelt. Ich war kurz vor der Morgendämmerung wieder im Garten. Kniehoch liegt das Herbstlaub. Die Winterkirsche blüht fast ekstatisch, als wäre es Frühling. Die weiße Rispenhortensie blüht noch. Es ist unglaublich, dass sie in dieser Winterkälte blüht. Andere Hortensien sind ganz verwelkt. Rosen bewahren fast trotzig ihre Form und Farbe. Wenn sich der Reif darauflegt, sehen sie besonders bezaubernd aus.

Die Fruchthülle der Lampionsblume ist nun ganz durchsichtig geworden. Durch ihr fein strukturiertes Gerüst hindurch sieht man die rote Frucht. Das Ganze sieht wie ein kostbarer Schmuck aus. Die Erde ist eine Künstlerin, eine Spielerin und eine Verführerin. Sie ist romantisch. Sie bringt bei mir ein Gefühl der Dank-

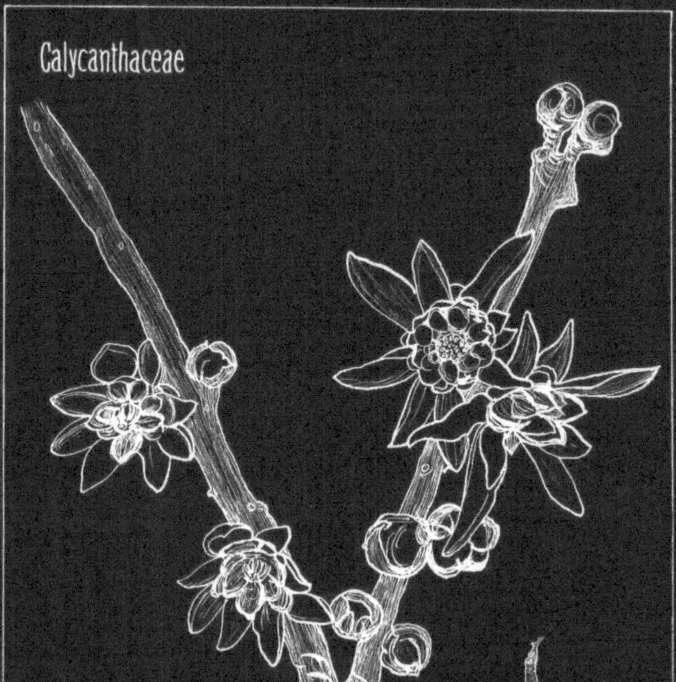
Calycanthaceae
Chimonanthus praecox

barkeit hervor. Und sie hat mir viel zu denken gegeben. Denken ist Danken.

Als Kind habe ich aus der Frucht der Lampionsblume einen kleinen Ballon geformt, indem ich sie sehr vorsichtig entleert habe. Im Mund kann man damit spielen und auch Töne hervorbringen. Ich habe ein Stück Kindheit in meinem Garten.

Die chinesische Schönfrucht trägt violette Perlen, die in der Morgendämmerung leuchten. Die Erde ist schön, ja magisch. Wir sollten sie schonen, mit ihr schonend umgehen, ja sie loben, statt sie so brutal auszubeuten. Das Schöne verpflichtet uns zum Schonen. Ich habe es gelernt und erfahren.

Bilderverzeichnis

Ullstein ist ein Verlag der Ullstein Buchverlage GmbH

ISBN 978-3-550-05038-1

4. Auflage 2022

Gesetzt aus der Adobe Garamond Pro
Satz: Pinkuin Satz und Datentechnik, Berlin
Druck und Bindearbeiten: GGP Media GmbH, Pößneck